LA GUÍA DEL ENEAGRAMA PARA EL AUTODESCUBRIMIENTO, LA PLENITUD EN LAS RELACIONES Y EL DESPERTAR:

EL USO DEL ENEAGRAMA PARA ENCONTRAR TU VERDADERA PERSONALIDAD, PROFUNDIZAR EN TUS RELACIONES Y CRECER PSICOLÓGICAMENTE

PERSONALITY HUB

ÍNDICE

Introducción   ix

PARTE UNO
LA HERRAMIENTA DEL ENEAGRAMA

1. PRESENTACIÓN DEL ENEAGRAMA COMO
HERRAMIENTA   3
¿Qué es exactamente la herramienta del
Eneagrama?   4

2. LOS ORÍGENES   7
La versión moderna e integradora del Eneagrama   8
¿Es científico o místico?   10
¿De qué tratan las virtudes, las pasiones, las ideas
sagradas y las fijaciones?   11

3. EL DIAGRAMA DEL ENEAGRAMA   15

4. ENTENDER EL SÍMBOLO DEL ENEAGRAMA   17
Cómo funciona el Eneagrama moderno   18
Los centros de inteligencia   20
El centro instintivo/cuerpo/intestino: 25
Las alas y los niveles de desarrollo   26

5. SISTEMA DE TIPIFICACIÓN DE LA PERSONALIDAD
DEL ENEAGRAMA PARTE 1   29
Tipo 1: El perfeccionista o el reformista   29
Cómo reconocer si eres un Uno del Eneagrama   34
Luchas que pueden tener los de tipo Uno   35
Consejos de crecimiento para Unos   36
Tipo 2: El dador/ayudante   38
Cómo reconocer si eres un Eneagrama Dos   43
Luchas que puede tener el tipo Dos   44
Consejos de crecimiento para Dos   45
Tipo 3: El triunfador/ejecutante   46

Cómo reconocer si eres un Tres del Eneagrama 51
Luchas que puede tener el tipo Tres 52
Consejos de crecimiento para Tres 54

6. SISTEMA DE TIPIFICACIÓN DE LA PERSONALIDAD
DEL ENEAGRAMA PARTE 2 57
Tipo 4: El individualista/romántico 57
Cómo reconocer si eres un Cuatro del Eneagrama 62
Luchas que puede tener el tipo Cuatro 63
Consejos de crecimiento para los Cuatros 64
Tipo 5: El Investigador 66
Cómo reconocer si eres un Cinco del Eneagrama 71
Luchas que puede enfrentar un eneagrama 5 72
Consejos de crecimiento para los Cincos 74
Tipo 6: El Leal/Escéptico 76
Cómo reconocer si eres un Seis del Eneagrama 80
Luchas que un eneagrama Seis puede enfrentar 81
Consejos para el crecimiento de los seises 82

7. SISTEMA DE TIPIFICACIÓN DE LA PERSONALIDAD
DEL ENEAGRAMA PARTE 3 85
Tipo 7: El Entusiasta 85
Cómo reconocer si eres un Siete del Eneagrama 91
Luchas que puede tener un eneagrama Siete 91
Consejos de crecimiento para los Tipo Sietes 93
Tipo 8: El Retador/Protector 94
Cómo reconocer si eres un Ocho del Eneagrama 100
Luchas que puede tener un eneagrama ocho 101
Consejos de crecimiento para los Tipo Ochos 103
Tipo 9: El pacificador 105
Cómo reconocer si eres un Nueve del Eneagrama 110
Luchas que puede tener un eneagrama ocho 111
Consejos de crecimiento para los Tipo Nueve 113

PARTE DOS
TÚ Y EL ENEAGRAMA

8. DESCUBRIR QUIÉN ERES REALMENTE 117
Identificando tu Eneagrama 118
¿Quién eres tú realmente? 120

10 preguntas que te ayudarán a descubrir más
sobre tu personalidad   123
Un consejo para encontrar tu verdadero yo   127

9. SUBTIPOS PARTE I   129
¿Qué son los subtipos del Eneagrama?   129
Los tres subtipos instintivos: 130
Cómo encontrar tu subtipo de Eneagrama: 133
Los subtipos del Eneagrama tipo Uno   134

10. SUBTIPOS PARTE II   137
Los subtipos del Eneagrama tipo Dos   137
Los subtipos del Eneagrama tipo Tres   140
Los subtipos del Eneagrama tipo Cuatro   144
Los subtipos del Eneagrama tipo Cinco   148

11. SUBTIPOS PARTE III   153
Los subtipos del Eneagrama tipo Seis   153
Los subtipos del Eneagrama tipo Siete   156
Los subtipos del Eneagrama tipo Ocho   160
Los Subtipos del Eneagrama tipo Nueve   162

PARTE TRES
PROFUNDIZACIÓN DE LAS RELACIONES

12. CULTIVAR RELACIONES SANAS   169
Por qué son importantes las relaciones sanas   169
Cómo el Eneagrama te ayudará a profundizar y
sanar tus relaciones   172
Eneagrama Tipo 1 - El perfeccionista en las
relaciones   172
Eneagrama Tipo 2 - El dador en las relaciones   173
Eneagrama Tipo 3 - El triunfador en las relaciones   174
Eneagrama Tipo 4 - El individualista en las
relaciones   176
Eneagrama Tipo 5 - El investigador en las
relaciones   177
Eneagrama Tipo 6 - El leal en las relaciones   178
Eneagrama Tipo 7 - El entusiasta de las relaciones   179

Eneagrama Tipo 8 - El retador en las relaciones   180

Eneagrama Tipo 9 - El pacificador en las relaciones   182

¿Qué tipos de eneagrama combinan bien?   183

13. CÓMO UTILIZAR EL ENEAGRAMA EN EL TRABAJO   189

Beneficios de utilizar el Eneagrama en el trabajo   190

Cada tipo de eneagrama en el trabajo   191

PARTE CUATRO
UTILIZAR EL ENEAGRAMA PARA CRECER EN TODAS LAS ÁREAS

14. ACELERAR TU CRECIMIENTO PERSONAL PARTE I   203

Por qué es casi imposible cambiar la personalidad   204

Cómo aprovechar la herramienta del Eneagrama para el cambio positivo y el crecimiento personal   205

Eneagrama Tipo Uno - El perfeccionista - camino de crecimiento   207

Eneagrama Tipo Dos - El ayudante - camino de crecimiento   209

Eneagrama Tipo Tres - El triunfador - camino de crecimiento   210

15. ACELERAR SU CRECIMIENTO PERSONAL PARTE II   213

Eneagrama Tipo Cuatro - El Individualista - camino de crecimiento   213

Eneagrama Tipo Cinco - El Investigador - camino de crecimiento   215

Eneagrama Tipo Seis - El Leal - camino de crecimiento   216

Eneagrama Tipo Siete - El Entusiasta - camino de crecimiento   218

Eneagrama Tipo Ocho - El Retador - camino de crecimiento   219

Eneagrama Tipo Nueve - El pacificador - camino de crecimiento   220

16. DESBLOQUEA TU POTENCIAL Y VIVE UNA VIDA
PLENA   223
¿Cómo quieres que se desarrollen los próximos 12
meses?   224
Prácticas y técnicas que debes conocer   225

Conclusión   231
Recursos   235

INTRODUCCIÓN

Siento que mi vida se ha descontrolado desde que murió mi padre y he caído en esta madriguera de desesperación. Nada de lo que intento funciona, y al principio pensé que plodría fingir hasta que las cosas mejoraran, pero ahora toda esta situación está empezando a afectar en mi matrimonio". Estas fueron las palabras de mi cliente, Sally, que acababa de empezar nuestro programa de coaching, con la esperanza de que salvara su relación.

Las palabras que pronunció resonaron con fuerza en mi mente mientras recordaba un pasado lejano en el que yo también me enfrenté a una frustración similar en mi vida. A pesar de mis conocimientos y mi formación en comportamiento humano y desarrollo personal, la experiencia de la pérdida me había dejado fuera de juego, y no sabía cómo volver a encarrilarme. ¿Sabes cómo se siente eso?

No te conozco ni sé qué te hizo escoger este libro, pero sí sé esto. Todos queremos sentirnos más en control de nuestras emociones, nuestro futuro y nuestras vidas.

La felicidad, la salud, las relaciones amorosas, una carrera satisfactoria, son cosas que a todos nos importan, y buscamos soluciones que nos permitan alcanzar estas cosas de diferentes maneras. La mayoría de la gente busca soluciones externas, pero tú no eres como la mayoría, ¿verdad? Por eso este libro ha despertado tu interés.

¿Cuántas veces te encuentras pensando "por qué he hecho eso" o "qué puede haber hecho para que esa persona se comporte de esa manera"? El condicionamiento social nos ha llevado a creer que estamos atrapados en una caja, y que no hay nada que podamos hacer para cambiar las cosas, pero ¿qué pasaría si te dijera que hay una manera de que seas totalmente consciente de esta supuesta "caja", y no sólo eso - podrías adquirir el conocimiento de ciertas técnicas que te permitan percibir por encima y más allá de ella? ¿Te interesaría?

LA LLAVE QUE HAS ESTADO BUSCANDO - UN SECRETO REVELADO

Nuestra sociedad nos anima a encontrar respuestas a las preguntas importantes que resuenan en el fondo de nuestra mente (por ejemplo, ¿cómo puedo sentirme realizado, feliz y en paz conmigo mismo y con los demás? ¿Cómo puedo sentirme amado y dónde puedo encontrar el verdadero amor? ¿Quién soy realmente?). Con frecuencia, solemos pensar que podemos encontrar las respuestas a nuestras preguntas mediante la adquisición de bienes materiales o entablando una relación con otro ser humano, así que salimos a buscar a ese otro que nos complete. Muy pronto nos damos cuenta de que ninguna cantidad de posesiones materiales ni ningún otro ser humano nos alcanzará. Si queremos sentirnos completos y experimentar la verdadera felicidad, tenemos que buscar respuestas en otra parte. No me malinterpretes, que tus deseos materiales se manifiesten es fantástico y una parte necesaria para disfrutar de la vida. Estar con alguien que te aporte una gran alegría y te haga sentir amado, también es fundamental para disfrutar de toda la experiencia humana. Pero esos dos factores no son la base de una vida plena, sino que la complementan. La base de una vida plena, sana, feliz y satisfactoria, comienza con una comprensión clara y profunda de uno mismo.

Entonces, ¿cuánto de ti mismo entiendes realmente?

¿Sabes cuál es la dieta, el estilo de vida, la carrera, la pareja romántica y las amistades adecuadas para ti? ¿Qué tan alineado te sientes con tu propósito?

Permíteme compartir por qué esto es importante. Piensa en el tema más básico y de moda en el mercado actual, la pérdida de peso. Es una industria de un billón de dólares con nuevas modas y dietas que salen cada día. Mucha gente quiere perder peso, así que supongamos, por si acaso, que te gustaría perder unos cuantos kilos antes del próximo verano. ¿Qué dieta o programa de entrenamiento elegirías? Basta una rápida búsqueda en Internet y te darás cuenta de que las opciones son abrumadoras. Cada una de ellas afirma que te dará esa solución mágica para conseguir por fin ese cuerpo torneado que siempre has deseado en secreto. Independientemente del producto que elijas, es probable que haya una tonelada de testimonios de clientes felices que se deshicieron con éxito de la grasa del vientre en un tiempo récord. Eso no garantiza que tú obtengas los mismos resultados. De hecho, tú podrías comprar un producto en particular con grandes esperanzas, sólo para terminar sintiéndote frustrado y decepcionado por la falta de resultados al final de los treinta días. Es posible que te haya gustado el gurú que te convenció de comprar el producto en primer lugar, y seguro que se veía robusto y saludable, pero si al final, no terminas pareciéndote en nada a él, ¿eso lo convierte en un estafador?

La mayoría de la gente diría que sí. Pero aquí es donde quiero compartir la primera perla de sabiduría que solo podrás aprender a través de esta búsqueda del Eneagrama.

La pérdida de peso, como todo lo demás, depende de mucho más que una dieta particular o una rutina de ejercicios. A menos que se aborden los problemas de raíz que provocan el aumento de peso, no encontrarás una solución duradera. No importa el esfuerzo que se haga o lo bueno que sea el programa. Cuando los gurús ofrecen recetas y soluciones para el desarrollo personal, la salud o el éxito empresarial, los consejos suelen basarse en prácticas que han funcionado bien para esas personas. Y ese mismo consejo probablemente funcionará igual de bien para alguien con una composición psicológica similar. En otras palabras, tiene que haber algún tipo de "coincidencia". Para entender mejor cómo se producen esas coincidencias o, por decirlo de otra forma, qué es lo que hace una buena combinación, tenemos que profundizar en el tema de la personalidad. Todos somos seres humanos únicos con personalidades diferentes. Informes recientes sobre el desarrollo infantil y las investigaciones del cerebro humano, han sugerido que las variaciones fundamentales en el temperamento entre los distintos tipos de personas, tienen una base biológica. Por ello, un buen consejo para una persona, podía resultar desastroso para otra. Sé que puede parecer que entender a otras personas es imposible, pero aquí es donde las cosas se ponen interesantes. Si sólo hiciéramos suposiciones sobre los demás basándonos en sus rasgos de personalidad superficiales, sería difícil entender o incluso llevarse bien con las personas que no son como tú, y créeme cuando digo esto; nadie es exactamente como tú. Pero si pudiéramos centrarnos en las capas que hay debajo de la superficie, podríamos encontrar mucha más sustancia que nos conecta y agrupa con otros, de manera que permita fomentar interacciones más armoniosas. Así que, en otras palabras, en lugar de buscar cualquier solución para perder peso o elegir una porque el gurú es famoso, buscaría una solución que se alinee con tu composición psicológica.

El filtro a través del cual experimentamos la vida

El principal filtro que utilizamos para descubrirnos a nosotros mismos y al mundo que nos rodea -lo que dicta cómo nos mostramos, reaccionamos e incluso amamos- es nuestra psicología. Nuestros deseos y anhelos pueden sonar similares, por ejemplo, la libertad, la salud, la felicidad y el amor, pero la forma en que se transmiten y expresan será diversa y mucho más específica según el filtro a través del cual observamos la vida. Los expertos modernos prefieren utilizar el término tipo de personalidad, por lo que es este filtro el que más nos preocupa en este libro. Porque después de mucho indagar, he aprendido que un factor esencial para las grandes relaciones y la comprensión de uno mismo y de los demás, es lo siguiente: ¿qué tipo eres? No se trata de raza, religión, orientación sexual o tradiciones culturales. Todo esto no son más que complementos que magnifican ese tipo psicológico subyacente. Al entender tu filtro, tenemos muchas más posibilidades de llevarnos bien, independientemente de nuestras diferencias externas. Para eso se ha diseñado el Eneagrama. El Eneagrama es una herramienta que nos ayuda a detectar nuestros filtros con mayor claridad. Aprendemos sobre nuestros problemas internos y nuestras fortalezas y deficiencias interpersonales. El Eneagrama no se centra en la fecha de nacimiento ni en los atributos externos, sino en la composición psicológica y el comportamiento humano. No sólo señala tu tipo de personalidad, sino también el núcleo de lo que eres y de lo que puedes llegar a ser.

Si has estado buscando una manera de descubrir, desarrollar y aprovechar tu máximo potencial para poder desbloquear la grandeza que sientes que hay dentro de ti, entonces has acudido al material adecuado. Y si estás aquí simplemente porque, al igual que mi cliente, algo se siente fuera de lugar, y quieres abordar un paso de acción que podría volver a ponerte en el camino, entonces este es también el lugar correcto para estar. En tus manos tienes ahora el único libro que necesitarás para conocer y entender el Eneagrama y cómo puedes utilizar esta herramienta para transformar cada área de tu vida. Eso es lo que el Eneagrama ha hecho por mí, eso es lo que ha hecho por innumerables personas, y si lo permites, cosecharás los mismos beneficios. ¡Abróchate el cinturón porque esto va a ser un viaje fantástico!

PARTE UNO
LA HERRAMIENTA DEL ENEAGRAMA

CAPÍTULO I

PRESENTACIÓN DEL ENEAGRAMA COMO HERRAMIENTA

Ya en el siglo IV encontramos ideas relacionadas con la herramienta del Eneagrama, aunque algunos podrían discutirlo. Tal vez no se refiriera al mismo término, y definitivamente no se parecía al dispositivo que conocemos y utilizamos hoy en día, pero es seguro asumir que el modelo del Eneagrama ha existido durante mucho tiempo. Y esta es una de las razones por las que es un modelo de confianza. Al ser una herramienta antigua y moderna a la vez, la sabiduría y el enfoque holístico que implica esta autoexploración, hacen posible que por fin aprendas la forma correcta de observar y soltar las prácticas y reacciones preocupantes de tu personalidad. El Eneagrama te ofrece una llamada de atención espiritual, si estás preparado para profundizar en esa exploración, pero incluso si no lo estás, podrás recibir todo lo que necesitas para desarrollarte como ser integral.

¿QUÉ ES EXACTAMENTE LA HERRAMIENTA DEL ENEAGRAMA?

Según Wikipedia, el Eneagrama es un modelo de la psique humana, principalmente entendido y enseñado como un sistema de clasificación de la personalidad en el que se distinguen nueve tipos de personalidades interconectados. El Eneagrama se representa en forma de un modelo geométrico que simboliza un mapa, lo que tiene sentido cuando se sabe que en la lengua griega, ennéa significa nueve y grámma significa algo escrito o dibujado.

La figura del Eneagrama se compone típicamente de tres partes, como verás en el capítulo tres, donde nos sumergiremos en los detalles de este diagrama de ennéa.

Para captar plenamente el poder del eneagrama, tendrás que abrir tu mente a nuevas ideas y suspender toda incredulidad y pensamientos limitantes respecto a la vida y a quién eres realmente. También tendrás que subir el volumen de la curiosidad para empezar a hacerte preguntas tales como, ¿cuál es mi personalidad? ¿Hay algo más en mí que mi personalidad? ¿Cómo puedo averiguar cuál es mi verdadera naturaleza y cómo puedo mejorar las áreas de mi carácter que no disfruto?

Si ya te has hecho estas preguntas, es excelente porque el Eneagrama es una herramienta perfecta de tipificación de la personalidad y de desarrollo personal para ayudarte a responder estas preguntas y muchas más.

¿Cuántos otros modelos más existen?

Por si no lo sabes, el modelo del Eneagrama no es el único que existe en el mercado. También se utilizan otros modelos de tipificación de la personalidad como el Indicador de Tipo Myers-Briggs (MBTI), el DISC y los Estilos Sociales. Al igual que el MBTI, el DISC y los Estilos Sociales, describen el significado del comportamiento típico, el Eneagrama enseña cómo se comportan los diferentes tipos de personalidad y cómo reconocer estos comportamientos en nosotros mismos y en los demás. Pero aquí es donde el Eneagrama difiere, en mi opinión. No se limita a dejar las cosas en ese nivel superficial psicológico y, en cambio, integra también el aspecto espiritual de nuestra naturaleza. Por el hecho de que se deriva de una enseñanza antigua que considera el desarrollo como una integración progresiva y un movimiento ascendente dentro del propio tipo, hace mucho más que hablar de los grupos inductivos de características que encontraríamos en los resultados de una investigación. En otras palabras, el Eneagrama identifica por qué hacemos lo que hacemos, es decir, la motivación de nuestro comportamiento. Observa los miedos y deseos básicos como impulsores clave del comportamiento. Dado que estos miedos y deseos son a menudo subconscientes o incluso inconscientes, este proceso de descubrir tu verdadero yo utilizando la herramienta del Eneagrama, se convierte más en una búsqueda que en un informe estandarizado. Y cuando nos vinculamos al Eneagrama, se nos planta en el interior la sencilla idea de que somos mucho más que tipos de personalidad. Somos, de hecho, seres espirituales encarnados a través del mundo material.

¿Es un Sistema religioso?

En absoluto. No se trata de la religión porque el Eneagrama se aparta de todas las diferencias doctrinales. Personas de todas las religiones, credos y estilos de vida se han beneficiado del uso de esta herramienta. No importa si te identificas como un devoto católico, cristiano, musulmán, ateo, mormón, judío, hombre, mujer, LGBTQ, rico, pobre, negro, blanco o moreno, esta herramienta puede funcionar para ti. A medida que te sumerjas en la estructura y el funcionamiento de esta herramienta, te darás cuenta de que todos los Seis del Eneagrama, por ejemplo, son prácticamente iguales en todo el mundo. Así, un católico devoto que es un tipo Seis es mucho más parecido a los Seis que son musulmanes de lo que podrían imaginar. Y lo mismo ocurre con todos los demás tipos. Al final, cambia nuestra perspectiva, y nos damos cuenta de lo similares que somos todos en ese nivel más profundo y humano, creando mucha más compasión y empatía en todo el mundo. Imagínate lo diferente que podría ser nuestro mundo y la cantidad de malentendidos, agravios y dolor que podríamos eliminar si un mayor número de personas se diera cuenta de lo parecidos que somos a aquellos a los que tendemos a discriminar.

CAPÍTULO 2
LOS ORÍGENES

El misterio que rodea al Eneagrama y sus orígenes sigue acumulando mucha especulación y disputa para los practicantes. Aunque es bueno cuestionar la autenticidad de esta herramienta, y haré lo posible por ofrecer algunas ideas, no permitas que esa curiosidad se convierta en duda. La historia que rodea al Eneagrama está algo enturbiada (como muchas herramientas antiguas), pero la eficacia del modelo como marco y mapa para el autodescubrimiento es sólida.

Entonces, ¿cuál es el origen real del Eneagrama y podemos decir con absoluta certeza de dónde procede?

Bueno, esto es lo que sabemos. Está relacionado con diferentes tradiciones espirituales y orales y con ciertas tradiciones filosóficas y matemáticas. Algunos creen que las variaciones del símbolo del Eneagrama pueden remontarse a la geometría sagrada de los matemáticos pitagóricos y a las matemáticas místicas. Plotino, en las Enéadas, habla de las nueve cualidades divinas que se manifiestan en la naturaleza humana. También vemos aparecer variaciones del símbolo del Eneagrama en la tradición sufí, con referencia específica a la Orden Naqshbandi. Es posible que también haya entrado en el judaísmo esotérico a través del filósofo Filón, y que más tarde se incorpore a las ramas del Árbol de la Vida en la Cábala. Existe una posible relación con el cristianismo a través de las referencias medievales al catálogo de Evagrio sobre las diversas formas de tentación (Logismoi), que mucho más tarde, en la época medieval, se tradujo en los siete pecados capitales. El místico franciscano Ramon Llull enseñó la filosofía y la teología de los nueve principios en un intento de integrar diferentes tradiciones de fe, y en un texto del siglo XVII encontramos un dibujo similar al Eneagrama realizado por el matemático jesuita Athanasius Kircher (Adoptado de Wagner, 2010).

LA VERSIÓN MODERNA E INTEGRADORA DEL ENEAGRAMA

La evolución del Eneagrama tal y como lo conocemos hoy en día tuvo lugar recientemente en el siglo XXI. Un místico y maestro ruso llamado George Gurdjieff reintrodujo este anticuado símbolo en la forma que identificamos como el diagrama del Eneagrama (que se analizará en detalle en el capítulo 3). Sólo que Gurdjieff no lo dibujó, sino que lo enseñó principalmente a través de una serie de danzas o movimientos sagrados. Creía que era mejor cuando la gente percibía directamente el significado del símbolo y los procesos que representa. Aunque las enseñanzas de Gurdjieff no incluían un sistema de tipos de personalidad asociados al símbolo (eso llegó más tarde a través de otro colaborador, como se verá en breve), sí reveló a los estudiantes avanzados que todos tenemos lo que él denominó "rasgo principal". Este rasgo principal es el eje de la estructura del ego de una persona y es la característica fundamental que define a ese individuo. Cuando se le preguntó dónde conoció el Eneagrama, dijo que lo conoció durante una visita a un monasterio de Afganistán en los años 20, pero no se sabe nada más sobre el origen de este símbolo. Lo que sí sabemos es que desde entonces, Oscar Ichazo tomó el timón de los estudios del Eneagrama y acuñó el término "Eneagrama de la Personalidad". A Ichazo se le atribuye el mérito de ser la persona que originalmente armó el sistema en la forma en que lo usamos hoy. Este maestro y sanador nacido en Bolivia, que también pasó una parte importante de sus primeros años en Perú, se trasladó primero a Buenos Aires en Argentina para aprender de una escuela de trabajo interior. Después viajó a Asia para adquirir más conocimientos antes de regresar a Suda-mérica, donde empezó a elaborar un enfoque sistemático de todo lo que había aprendido. Tras muchos años de estudio, investigación y práctica, Ichazo creó la Escuela Arica (fundada en 1968) como medio para compartir los conocimientos que había recibido a lo largo de los años. En los años 70, mientras vivía en Chile, Ichazo recibió a un grupo de destacados psicólogos y escritores de América que querían estudiar y experimentar de primera mano los métodos de autorrealización de Arica. Entre estas personas estaban Claudio Naranjo y John Lilly (The Enneagram Institute).

El resultado final de las semanas pasadas en la Escuela de Arica estudiando con Ichazo fue la introducción de esta herramienta en América y en el resto del mundo donde se practicaba la psicología moderna. Individuos como Ochs, Almaas y Maitri estudiaron con Claudio Naranjo. Ochs introdujo el Eneagrama en las comunidades cristianas de Estados Unidos, lo que hizo que autores como Jerry Wagner, Don Riso y Russ Hudson se entusiasmaran con la idea de seguir difundiendo las enseñanzas del Eneagrama (Historia integrativa9 del Eneagrama). Gracias a estos teóricos contemporáneos, nuestro conocimiento y desarrollo de las herramientas del Eneagrama siguen creciendo mucho más allá de lo que cualquiera, incluido Ichazo (que falleció en 2020), podría haber previsto.

¿ES CIENTÍFICO O MÍSTICO?

No hay una respuesta binaria a esta pregunta. Teniendo en cuenta lo popular y recomendada que se ha vuelto esta herramienta en el ámbito del desarrollo personal y profesional, no podemos etiquetarla como puramente científica o mística. Me gusta pensar que es un poco de ambos. Aunque el sistema del Eneagrama tal y como lo conocemos se remonta a los años 60, cuando Ichazo empezó a enseñarlo, la filosofía que hay detrás de esta herramienta contiene componentes de todas las tradiciones que se remontan a miles de años atrás. Por eso podemos emplearlo con confianza para ayudarnos a desbloquear nuestro potencial oculto, descubrir nuestros puntos ciegos y permitirnos crecer en todos los ámbitos de la vida. Utiliza los siguientes capítulos como pistas que te permitan descubrir quién eres realmente para sentirte más a cargo de tu destino y de la historia de tu vida. Lo mejor es que cuanto más te conozcas a ti mismo, más fácil te resultará entender y predecir el comportamiento de los demás.

La versión americana del Eneagrama frente al sistema original enseñado por Ichazo:

Ichazo enseñó un sistema de 108 eneagramas, pero el movimiento americano encabezado por Claudio Naranjo, que sigue enseñando el Eneagrama hasta la fecha, se basó en los cuatro primeros eneagramas. Estos se llaman Eneagrama de las Pasiones, Eneagrama de las Virtudes, Eneagrama de las Fijaciones y Eneagrama de las Ideas Santas. ¿Por qué se han clasificado así? En una entrevista con Ichazo, dijo: "Tenemos que distinguir entre un hombre como es en esencia y como es en ego o personalidad. En esencia, toda persona es perfecta, sin miedo y en unidad amorosa con todo el cosmos; no hay conflicto dentro de la persona entre la cabeza, el corazón y el estómago o entre la persona y los demás. Entonces sucede algo; el ego comienza a desarrollarse, el karma se acumula, hay una transición de la objetividad a la subjetividad; el hombre cae de la esencia a la personalidad". (Entrevistas con Ichazo, página 9)

¿DE QUÉ TRATAN LAS VIRTUDES, LAS PASIONES, LAS IDEAS SAGRADAS Y LAS FIJACIONES?

Más adelante en el libro, nombraremos las virtudes de cada tipo de Eneagrama para que puedas ver hacia qué te llama tu yo superior en esta vida.

Según la teoría de Ichazo, las ideas sagradas y las virtudes son nuestras cualidades espirituales superiores, y cuando el ego las distorsiona, se convierten en fijaciones (cabeza) y pasiones (corazón), respectivamente. Esta relación entre el yo superior y el ego es el verdadero trabajo que debemos emprender. En eso consiste nuestra búsqueda de autodescubrimiento.

Acercarse a este libro y al Eneagrama con el deseo de etiquetarse a sí mismo con una personalidad particular sólo porque se siente bien es un esfuerzo desperdiciado y una comprensión perdida de la finalidad de esta herramienta. Tu propósito en el autodescubrimiento debería ser conseguir ese equilibrio entre tu ego y tu yo superior que te ha faltado. Cuanto más sientas que has perdido tu centro y te has distorsionado en tu pensamiento, sentimiento y comportamiento, más necesitas trabajar en esa relación con el yo. Utiliza tu creciente autoconciencia para reconocer los patrones de distorsión que oscurecen tu conexión y crean desarmonía en tu vida. Conoce tu tipo para poder dirigir tu trabajo interior y facilitar la transformación que está esperando ocurrir dentro de ti.

Si te das cuenta de que tus virtudes están apagadas, no te obligues a convertirte en una persona virtuosa. No funciona así. Para llegar a ser virtuosos, necesitamos relajarnos, reconectar con nuestro ser superior y estar más despiertos para poder ver a través de los miedos y deseos de nuestro ego. Sólo entonces las cualidades virtuosas se manifestarán de forma natural. Y cuando se trata de reconciliar nuestros pensamientos sobre la pasión, hay que darse cuenta de que tener deseos no es malo. Las pasiones simplemente nos señalan una realidad subyacente de que nos falta algo; hemos perdido algo, y necesitamos recuperarlo. Lo que tenemos que recuperar para sanar, completar y saciar esa pasión no es lo que normalmente perseguimos. Nuestro ego puede distorsionar nuestro pensamiento y hacernos trabajar hasta la muerte, sacrificando todo en nuestro camino sólo para llegar a ser poderosos, exitosos o ser amados por otro, pensando que eso nos hará completos. Sin embargo, una vez que estamos ahí, el vacío sigue existiendo. Esta es una de las piedras angulares que Ichazo quería que sus alumnos comprendieran. Las estrategias de afrontamiento equivocadas que nuestro ego utiliza bajo el disfraz de la pasión no son más que una distorsión de la virtud esencial inherente. Lo que buscamos es restablecer el contacto con nuestra naturaleza esencial y nuestra verdadera identidad como Espíritu.

La otra gran idea aquí es que la fijación del ego de un individuo tiene sus raíces en la pérdida de su idea sagrada. Perdemos la capacidad de reconocer la unidad del ser. Nos quedamos atascados en la dualidad y la segregación, y nuestra mente está en constante tormenta. De forma similar a lo que hemos aprendido sobre la virtud y las pasiones, cuando nos desconectamos de nuestro ser superior, esa sensación de libertad que sabemos innatamente que deberíamos tener se convierte en una fijación del ego.

Sin embargo, todo esto se puede restaurar a medida que usamos el conocimiento del Eneagrama para trabajar en nosotros mismos. Lo profundo que quieras ir en este viaje depende de ti, pero puedo asegurarte que cuanto más profundo vayas, más rica, satisfactoria y agradable será esta experiencia humana.

CAPÍTULO 3

EL DIAGRAMA DEL ENEAGRAMA

P ara utilizar la herramienta del Eneagrama con eficacia, hay que aprender a leerla con precisión. Este capítulo te dará una visión general de los nueve tipos de Eneagrama, te ofrecerá una ilustración visual del diagrama del Eneagrama y sus partes, y luego te enseñará a leer el diagrama. Sólo entonces estarás preparado para sumergirte en los detalles de cada tipo de Eneagrama.

Hay nueve tipos de personalidad que se sitúan alrededor del diagrama del Eneagrama, a saber: el Reformador, el Ayudante, el Triunfador, el Individualista, el Investigador, el Leal, el Entusiasta, el Desafiante y el Pacificador.

Cada uno de los eneatipos representa un arquetipo y una visión del mundo con la que se identifica el tipo en cuestión. Es su base y el marco a través del cual piensa, siente, actúa y se relaciona con su entorno, con otras personas y consigo mismo. Pero esto es mucho más que un simple perfil de personalidad. De hecho, si sólo utiliza el Eneagrama para detectar personalidades, podría decepcionarse al descubrir que diferentes eneatipos pueden mostrar un comportamiento similar. Esto se debe a que el modelo del Eneagrama funciona bajo la premisa de que el comportamiento por sí solo no es suficiente para saber quién es realmente una persona. De hecho, enseña que el comportamiento exterior puede ser engañoso cuando se trata de descubrir a las personas o incluso la eficacia de esta herramienta para el autodescubrimiento. Por tanto, debes identificarte a ti mismo y a los demás explorando la motivación. Siente más curiosidad por saber "por qué" tú u otro elige actuar de una determinada manera. Ese es el verdadero valor de utilizar este modelo y la mejor manera de descubrir por qué hacemos lo que hacemos en la vida.

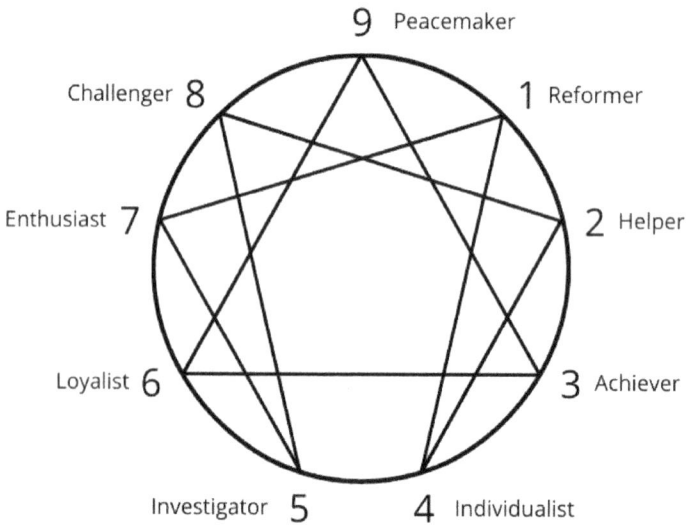

CAPÍTULO 4
ENTENDER EL SÍMBOLO DEL ENEAGRAMA

El símbolo actual del Eneagrama se dibuja como una forma geométrica con nueve puntos. Hay un círculo exterior en el que se numeran, en el sentido de las agujas del reloj, los nueve puntos que representan los nueve tipos de personalidad. El Eneagrama utiliza un sistema horizontal para designar un número a cada tipo, por lo que ningún número es mejor que otro.

Dentro del círculo, hay un triángulo entre los puntos 9, 3 y 6 y un hexágono irregular que conecta todos los demás puntos. Si te preguntas qué representa el círculo, los maestros del Eneagrama han dicho que representa la totalidad y la unidad de la vida humana, es decir, la esencia de la vida. Las formas interiores representan las divisiones, pero aún así, podemos ver puntos de conexión. Es importante recordar esto a medida que avanzas en tu autodescubrimiento. Aunque seas diferente de todos los demás tipos, sigues estando conectado y formando parte del todo.

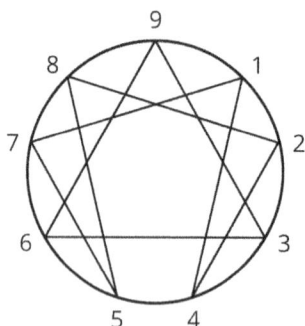

Encontrarás lo que llamamos alas a ambos lados de cada punto (personalidad). Las enseñanzas del Eneagrama nos dicen que las alas representan estilos de personalidad relacionados que permanecen latentes en nuestro interior. Podemos elegir la transición a una cualidad o silenciar un rasgo de carácter que pertenece a cualquiera de las alas a las que está conectado nuestro tipo y, al hacerlo, desarrollar nuevas facetas de nosotros mismos. Por ejemplo, un Eneagrama tipo Uno tiene el ala Nueve y Dos a cada lado. El tipo Uno puede extraer cualidades del Nueve del Eneagrama (el pacificador) o del Dos (el dador). En un próximo capítulo identificaremos cada ala del tipo de Eneagrama y cómo pueden afectar al comportamiento y la personalidad de una persona.

CÓMO FUNCIONA EL ENEAGRAMA MODERNO

Si eres un principiante en este viaje de autodescubrimiento, encontrarás esta sección del libro especialmente útil porque desglosa los fundamentos en los que debes centrarte para sacar el máximo partido a la herramienta del Eneagrama. Aunque el Eneagrama puede ser bastante complejo, esto es lo que necesitas saber al principio de tus estudios. El conocimiento y la comprensión posteriores se irán desvelando a medida que vayas profundizando en tu búsqueda y a través del uso diario de esta herramienta.

Lo primero que debes aprender es tu tipo básico de personalidad. Cada uno de nosotros se identificará fuertemente con uno de los nueve tipos de personalidad del Eneagrama, dependiendo de los motivos y temores que nos impulsen. El tipo primario de uno está influenciado por factores biológicos y ambientales, que incluyen, entre otros, la dinámica familiar, las relaciones con los padres, los traumas de la infancia y cualquier otro acontecimiento significativo durante esos años de formación.

Es probable que descubra que se relaciona naturalmente más con un tipo que con otro. El consenso es que las personas no cambian de un tipo de personalidad del Eneagrama a otro. En cambio, resuenan con diferentes rasgos dependiendo de su nivel general de desarrollo y salud psicológica y espiritual.

La segunda cosa que necesitas aprender es sobre tus alas. Verás que hay dos alas asociadas a tu tipo de personalidad, así como diferentes niveles de desarrollo para tu tipo específico. También recibirás orientación sobre las direcciones que puede tomar tu tipo, que pueden conducir a la integración y el crecimiento o a la desintegración y el estrés.

La otra cosa súper importante que necesitas aprender son los tres centros de inteligencia y los tres instintos que impulsan a todos los tipos. Tomar conciencia de las motivaciones y los miedos clave que guían principalmente tus acciones y decisiones te dará un mayor conocimiento de ti mismo y la posibilidad de realizar cambios en tu personalidad.

Sólo entonces podrás tipificarse correctamente a ti mismo y a los demás. Recuerda que debes abstenerte de hacer suposiciones sobre ti mismo y los demás únicamente a través del comportamiento y el eneatipo. Profundiza y descubre primero los instintos y los niveles de desarrollo antes de determinar qué tipo eres tú o cualquier otra persona. Antes de sumergirnos en cada tipo de personalidad, veamos un poco más de cerca los tres centros e instintos.

LOS CENTROS DE INTELIGENCIA

El modelo del Eneagrama es una disposición 3 X 3 de nueve tipos de personalidad en los tres Centros (Instituto del Eneagrama). Estos centros se dividen en intelecto, instinto e intuición. Esta tríada se basa en cómo procesamos y respondemos habitualmente a los demás y a la vida en general. Hablemos un poco de ciencia antes de tachar la noción de demasiado "mística" para ti. Los neurobiólogos han descubierto que el cuerpo humano tiene tres "centros" en los que muchas células nerviosas se agrupan para servir al sistema nervioso y transmitir la información de forma más eficaz. Estos centros se encuentran en la cabeza, el pecho y el intestino o la parte inferior del abdomen. Los maestros del Eneagrama trabajaron con estos tres centros mucho antes de que los científicos los demostraran formalmente, y los denominaron "centros de inteligencia". En el contexto del Eneagrama, esta tríada nos permite comprender las emociones básicas que motivan a varios eneatipos, todos ellos agrupados dentro de ese modelo 3X3.

Algunos profesores prefieren etiquetarlos como el centro pensante (cabeza), el centro instintivo (tripa) y el centro sentimental (corazón). Solemos hablar de esta tríada en particular, aunque hay muchas más, porque ésta es fácil de entender para los principiantes. Aunque tenemos los tres centros de inteligencia, uno suele ser más dominante. Saber si estás en el centro pensante, en el sentimental o en el instintivo puede ayudarte a determinar con precisión tu tipo de personalidad. Eso puede ser especialmente útil cuando te debates entre varios tipos.

Los tipos de personalidad del Eneagrama se dividen en tres grupos, como se muestra en el siguiente diagrama. El centro instintivo tiene los eneatipos 1, 8, 9; el centro de sentimientos tiene 2, 3, 4, y el centro de pensamiento tiene 5, 6, 7.

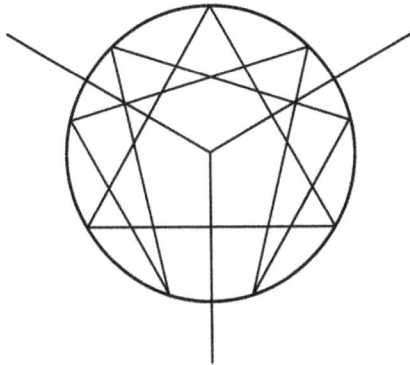

¿Cómo llegaron los profesores originales de este sistema a estas agrupaciones concretas? Creían que cada tipo es el resultado de una relación específica con un grupo de cuestiones que caracterizan a ese centro. En pocas palabras, cuando se pierde el contacto con el ser superior, surgen respuestas emocionales inconscientes desde el interior, y hasta que se puedan resolver estos problemas, estas emociones se convierten en la reacción por defecto.

Así, en el Centro de Pensamiento (cabeza), la emoción no resuelta es el miedo. Para el Centro de Sentimientos (corazón), la emoción es la vergüenza, y para el Centro Instintivo/Corporal (tripa), la emoción es la ira o a veces la rabia. Esto no quiere decir que uno sólo experimente la emoción asociada a su centro de inteligencia porque, como sabes, todos sentimos vergüenza, ira y miedo. En cambio, la lección aquí es que una de estas emociones nos afecta más. Es un tema común que parece seguirnos a todas partes.

Una ilustración podría ayudar a consolidar esta idea

Tengo una amiga que creció en las peores condiciones. Hoy es una conocida influencer de Instagram especializada en moda DIY y prendas de punto vintage. Ha aparecido en revistas y da charlas por todo Estados Unidos, motivando e inspirando a las jóvenes, especialmente a las que crecen en barrios pobres. Aunque su vida parece casi un cuento de hadas, su primera infancia y su juventud no fueron más que una pesadilla. Nació en un hogar monoparental donde apenas había dinero para comer. Sus tíos abusaron sexualmente de ella y, cuando su madre se volvió a casar, el nuevo marido también abusó de ella. Se escapó a los dieciséis años, vivió en las calles de California durante un tiempo antes de conocer a alguien, quedarse embarazada y encontrarse repitiendo el mismo ciclo de abusos. Le costó mucho tiempo conseguir finalmente una relación sana y no abusiva. Sin embargo, gracias a esta herramienta del Eneagrama y a un amplio trabajo de autodescubrimiento, pudo empezar a hacer cambios permanentes. Cuando mi amiga trató de identificar su tipo de personalidad, estaba dividida entre tres tipos, pero después de aprender sobre los centros de inteligencia y darse cuenta de que su tema era predominantemente la vergüenza y que este tema la ha estado siguiendo como una sombra oscura que recrea las mismas pesadillas que tenía de niña, fue entonces cuando se le encendió una bombilla. Desde entonces, las cosas no han vuelto a ser lo mismo.

Por lo tanto, cuando se trata de tu centro de inteligencia, la idea es observar tu vida y determinar qué tema emocional es el más dominante y recurrente. Exploremos cada centro con un poco más de detalle:

El centro de pensamiento/cabeza:

El Centro de Pensamiento se alinea con los tipos 5, 6 y 7. Los números del Eneagrama pueden parecer diferentes y, de hecho, su comportamiento exterior y sus rasgos de personalidad difieren de un número a otro. Sin embargo, estos tres tipos comparten el mismo "pensamiento", en el sentido de que su enfoque más dominante en la vida es pensar con la cabeza en lugar de escuchar la intuición o los sentimientos viscerales. Estas son las personas que tienden a estar "demasiado en su cabeza" cuando procesan la información o reaccionan a las condiciones.

Todos los tipos 5, 6 y 7 están muy preocupados por las estrategias y buscan la seguridad y la protección por encima de todo. Su mayor problema subyacente y un tema que se repite a lo largo de su experiencia humana hasta que se resuelve es el miedo. Aunque todos se enfrentan al miedo y a la ansiedad, la forma en que lo hacen es muy diferente debido a sus diversos rasgos de personalidad. Los Cincos se muestran ansiosos y aprensivos ante el mundo exterior, por lo que prefieren aislarse. Los Seis manejan su ansiedad reprimiéndola, lo que se manifiesta en forma de estrés interno, imaginación desbocada y mucho pensamiento pesimista del "peor escenario". Son los más temerosos del grupo y a veces les cuesta confiar en sus propios pensamientos. Esto les lleva a buscar constantemente la aprobación y la validación externas. Los Sietes afrontan el miedo y la ansiedad mediante la negación y la evitación. Ya tienen la sensación de que hay demasiado dolor, pérdida, privación y miedo dentro de ellos, pero no quieren enfrentarse a ello, así que, en su lugar, hacen todo lo posible para estimular sus mentes con cosas que les emocionen. Esto se manifiesta en una actividad constante y en distracciones físicas para que sus mentes y cuerpos no se enfrenten a la inquietud y el miedo internos que están reprimiendo.

El centro de los sentimientos y del corazón:

El Centro de Sentimientos se alinea con los tipos 2, 3 y 4 del Eneagrama. Como se ha mencionado anteriormente, lo que conecta estos tipos aparentemente diferentes es una capa más profunda que los rasgos de personalidad o el comportamiento exterior. En cambio, es el hecho de que procesan la vida predominantemente a través de las emociones. Si has estado cerca de alguien a quien le gusta decir: "No me parece bien, así que no puedo hacerlo" o "No la contraté porque algo de ella no me parecía bien", entonces has interactuado con un individuo centrado en el corazón. Tal vez tú seas esa persona, en cuyo caso entenderás por fin por qué una determinada emoción persiste hagas lo que hagas. Los tipos de Eneagrama Dos, Tres y Cuatro se preocupan principalmente por cómo les perciben los demás, y les encanta llamar la atención. La cuestión subyacente que hay que resolver es un sentimiento de vergüenza.

¿Cómo maneja cada tipo su problema recurrente?

Los Dos tienden a centrarse en hacer cosas que parecen hacerles sentir mejor, pero que en realidad sólo enmascaran o silencian su vergüenza interior. Quieren convencerse de que son personas buenas y cariñosas centrándose en los sentimientos positivos hacia los demás mientras reprimen sus sentimientos no deseados. En las relaciones, esto crea una conexión muy frágil; mientras el Dos obtenga respuestas emocionales positivas de la otra persona, se sentirá querido y de alguna manera logrará domar ese sentimiento de vergüenza, pero es muy condicional.

Los Tres son más resistentes a su sentimiento interno de vergüenza y tratan de negar esta emoción en la medida de lo posible. En este grupo, los Tres son los que están más alejados de sus sentimientos de vergüenza e inadecuación. Utilizan mecanismos de afrontamiento y encuentran formas objetivas de evitar su vergüenza. Los cuatros son más introspectivos. Son conscientes de su lado oscuro, por lo que intentan controlarlo enterrándolo todo lo posible y centrándose en lo únicos y especiales que son. Como regla general, los Cuatros son muy creativos y utilizan esta capacidad para lidiar con los sentimientos vergonzosos. Por desgracia, también son los más propensos a sucumbir a los sentimientos de inadecuación y a tomar medidas drásticas para escapar de esa realidad no deseada.

EL CENTRO INSTINTIVO/CUERPO/INTESTINO:

El centro visceral se alinea con los tipos 8, 9 y 1. Estos tipos del Eneagrama no podrían ser más diferentes en cuanto a personalidad, pero una cosa que tienen en común es que realmente escuchan su instinto visceral. Así es como toman decisiones, procesan la información y afrontan las dificultades de la vida. Los Nueve y los Uno del Ocho se preocupan mucho por la justicia, les encanta tener autonomía, y uno de los principales temas subyacentes que a veces puede ser difícil de detectar es la ira. Cuando escuches a alguien decir: "Sólo uso mi instinto para tomar cualquier decisión en la vida", puedes estar seguro de que esa persona pertenece a esta tríada. Y aunque su lógica o su pensamiento le digan algo diferente, seguirá haciendo lo que su instinto le diga.

¿Cómo manejan estos tipos de personalidad su ira no resuelta?

Bueno, los Ochos parecen ser los más fáciles de detectar porque no ocultan su ira. Les encantaría controlarla y, de hecho, algunos lo hacen bastante bien, pero con un tipo Ocho, verás muestras de ira hacia el exterior con bastante frecuencia. Suelen ser bastante "temperamentales" o de mal genio. Los Nueve niegan sus problemas de ira, por lo que intentan reprimirla porque no quieren parecer temperamentales y molestar a nadie. En su deseo de ser buenos, prefieren evitar admitir que tienen esta emoción negativa. De los tres tipos, los Nueve son los que más desconocen su ira y a menudo se sienten amenazados por ella. Los Uno son bastante intrigantes porque se preocupan tanto por alcanzar la perfección (y, por supuesto, ven la ira como una imperfección) y el control que se las arreglan haciendo todo lo posible por reprimir esta emoción.

En la sección II de este libro, descubrirás algunas sugerencias para resolver cualquier emoción dominante que notes en tu vida.

LAS ALAS Y LOS NIVELES DE DESARROLLO

Cuando empieces a aprender las distintas clasificaciones, te darás cuenta de que hay ciertas cualidades que no están en tu tipo dominante y con las que resuenas. Las alas son los dos tipos adyacentes situados junto a tu tipo de personalidad primario. Las alas suelen complementar y apoyar o, a veces, contradecir tu tipo básico, dándote esa personalidad general con la que te identificas. Puedes pensar en esto como el "segundo lado" de tu personalidad, y también influye en quién eres. Por eso es bueno conocer tus alas y cómo influyen en tu comportamiento y experiencia vital. ¿Cuántas alas se pueden tener? Algunas escuelas de pensamiento afirman que una, y otras afirman que tenemos dos alas.

Dado que hay dos tipos adyacentes para cada número, creo que dos alas tienen sentido. Sin embargo, es posible que un ala resuene con más fuerza a la hora de valorar las cualidades, y eso está bien. Los expertos en la materia dicen que la mayoría de la gente tiene un ala dominante, lo que hace que la otra sea menos visible. Podrás ver las diferentes alas y lo que representan para cada tipo cuando desglosemos los tipos y subtipos en los tres capítulos siguientes.

Una última cosa que debemos mencionar aquí son los niveles de desarrollo. Dentro de cada tipo de personalidad existe un continuo de comportamientos, motivaciones y actitudes que se unen para expresar una personalidad completa. Un tipo Nueve puede estar en diferentes niveles de desarrollo en varias etapas de su vida. Lo mismo ocurre con todos los demás tipos. Lo que es aún más intrigante es que tú y tu amigo podrían identificarse como el mismo tipo pero darse cuenta de que están en diferentes niveles de desarrollo. En 1977, Don Riso descubrió y elaboró todos los rasgos que componen cada tipo, y los desarrolló aún más, en colaboración con Hudson, en la década de 1990. Son los únicos profesores del Eneagrama que incluyen este factor crítico en su tratamiento del Eneagrama (Instituto del Eneagrama).

Los niveles se dividen en rasgos sanos, medios y no sanos. Piensa en esto como una estructura esquelética que te permite profundizar en cualquier tipo particular para entender en qué punto de tu viaje te encuentras y hasta dónde necesitas llegar para desbloquear tu máximo potencial. Cada nivel nos ayuda a entender cómo cualquier tipo particular está alineado con la Presencia, así que cuanto más alineada esté una persona, mejor funcionará y más alto estará en su desarrollo. Puedes suponer que los niveles saludables de desarrollo indican que el individuo ha alcanzado la liberación espiritual y ya no está atado por el ego. Por lo tanto, el nivel más bajo y menos saludable indica que la persona ha perdido el contacto y la conexión con su ser superior y se siente más constreñida, atada vigorosamente por el ego. Una persona así estaría atrapada en las fijaciones de su tipo particular y gobernada por sus miedos y deseos básicos.

A medida que vayas conociendo tu tipo, presta mucha atención al nivel de desarrollo con el que más te identificas. Sé sincero contigo mismo. Sólo entonces podrás reconocer el trabajo interior que debe realizarse.

CAPÍTULO 5

SISTEMA DE TIPIFICACIÓN DE LA PERSONALIDAD DEL ENEAGRAMA PARTE I

TIPO 1: EL PERFECCIONISTA O EL REFORMISTA

Visión general del tipo Uno:

A los del tipo Uno se les llama perfeccionistas porque viven basados en una ideología de perfección, orden y mejora constante tanto de ellos mismos como de los que les rodean. A los Uno les encantan las reglas y tienen un poderoso sentido del bien y del mal. Necesitan sentir que tienen todo bajo control en todo momento. Serán muy profesionales y objetivos en el trabajo y prestarán mucha atención a los detalles y a los estándares de calidad. Los distintos tipos de Uno verán el mundo en función de su nivel de desarrollo, pero como regla general, aunque los Uno sanos ven una gran cantidad de situaciones que no son del todo correctas según sus ideales, aceptan las cosas tal y como son. A pesar de su fuerte sentido de la justicia y la equidad, son lo suficientemente serenos como para tolerar y comprender la diversidad de la humanidad. Los Promedio son más rígidos y menos tolerantes. Compartimentan como mecanismo de supervivencia y pueden reprimir las emociones para seguir sus estrictos ideales. Los insanos se han desconectado tanto de su yo superior que sus cualidades se vuelven negativas. Su rigidez e incapacidad para aceptar a los que no se ajustan a sus ideales crea mucha condena, ira y desprecio por la humanidad y el mundo en general.

Dentro de la tríada de los Centros de Inteligencia, los del tipo Uno caen en el centro "tripa", donde la ira es la emoción principal a resolver.

Un tipo Uno sano será responsable, ético, idealista, serio, autodisciplinado, ordenado y concienzudo. En realidad, estas son cualidades bastante distintivas que uno puede observar fácilmente en los tipos Uno.

También reconocerá que suelen tener un nivel de exigencia muy alto, lo cual es estupendo hasta que no lo es. Cuando las cosas no salen como las habían planeado o si las personas no cumplen con sus altas expectativas, los Uno pueden volverse resentidos, impacientes y muy críticos.

Sin embargo, en sus mejores momentos, los Uno son bastante nobles y sabios. Algunos incluso podrían decir que poseen la capacidad de ser moralmente heroicos en sus actitudes y comportamiento.

Deseo central: El deseo del Tipo Uno es ser bueno, perfecto y vivir con integridad.

Miedo central: Su mayor temor es convertirse en deshonroso o corrompido por el mal. Tienen mucho miedo de ser defectuosos o "malos".

¿Qué motiva a los de tipo Uno? Un tipo Uno quiere que el mundo y todos los que le rodean sean los mejores y lo hagan correctamente. El fuerte impulso es ser bueno y honorable y vivir según sus ideales más allá de las críticas para que nadie pueda encontrar fallos.

Alas:

El Tipo Uno tiene el Ala Nueve, que es "El Idealista", y el Ala Dos, que es "El Defensor".

Las flechas y su significado:

El tipo tiene dos flechas, la 4 y la 7. Cuando se mueve en la dirección de la desintegración y el estrés (cuatro), los Uno se vuelven malhumorados, irracionales y demasiado críticos. Sin embargo, la flecha que apunta al crecimiento y la integración (siete) muestra a un Uno enojado y crítico que se transforma en un individuo más espontáneo y alegre, como un Siete sano.

Ejemplos de personas famosas:

Algunas personas conocidas que comparten el tipo Uno del Eneagrama son Kate Middleton, Michelle Obama, Hillary Clinton, Nelson Mandela, el Príncipe Carlos, Martha Stewart, Osama bin Laden, Celine Dion, Jerry Seinfeld, Jane Fonda, Meryl Streep y George Harrison.

Niveles de desarrollo de tipo uno:

Hay diferentes expresiones de los tipos Uno que tendrás que aprender. En varias etapas de desarrollo, un tipo Uno exhibirá ciertos comportamientos y actitudes dependiendo de cuán desconectados estén de su Yo superior. Veamos cada nivel.

Niveles saludables

El nivel 1 es cuando el tipo Uno está en su mejor momento. En este punto, el individuo es extraordinariamente sabio y discernidor, se acepta a sí mismo y está sereno. Es realista, se guía por su misión y sabe cuál es la mejor acción que debe realizar en cada momento. Su interacción con los demás es inspiradora, humana y empática. Este tipo Uno es muy esperanzador y cree que la verdad siempre gana.

En el nivel 2, el tipo Uno es concienzudo y tiene fuertes convicciones personales. El sentido del bien y del mal es extremadamente alto, y a este individuo le gusta trabajar de forma estructurada y sistemática adhiriéndose a todos los valores religiosos y morales personales. Un tipo Uno en esta etapa de desarrollo es racional, razonable, autodisciplinado, maduro y moderado en todas las cosas.

El nivel 3 sigue siendo saludable, y un tipo Uno en esta etapa será de principios en sus acciones, objetivo, ético y justo en todo lo que hace. Este individuo está muy preocupado por la verdad y la justicia. Tiene un fuerte sentido de la responsabilidad y de la integridad personal, y a menudo busca formas de expresar y compartir con los demás un sentido más elevado, por ejemplo, enseñando o liderando un movimiento.

Niveles medios

El nivel 4 es la fase en la que un tipo Uno se convierte en un idealista de altas miras. Están insatisfechos con la realidad y creen que depende de ellos mejorar todo. La mayoría de los críticos, defensores y cruzados o los que se dedican a las "causas" se encuentran en este nivel de desarrollo.

El nivel 5 es donde el tipo Uno se vuelve súper rígido. Todo tiene que ser "perfecto" y no pueden permitirse cometer ningún error. Este individuo es muy organizado y atento, pero también puritano y emocionalmente constreñido. Oirá palabras como "analcompulsivo" asociadas a una persona así.

El nivel 6 del tipo Uno es muy crítico, juzga y sufre de perfeccionismo. Según su perspectiva, son muy críticos con todo y del tipo que te acosará, interrumpirá y corregirá en medio de una frase o una acción sólo porque quiere que "hagas lo correcto". La impaciencia es más pronunciada en este nivel, e incluso puedes recibir una mirada de reprimenda o una charla abrasiva cuando no haces las cosas exactamente como ellos desean.

Niveles poco saludables

El nivel 7 tipo Uno es extremadamente santurrón y dogmático. Son intolerantes con los demás y creen que todos los que no piensan y actúan como ellos están equivocados. En este nivel, el individuo trata con absolutos y siente que sólo él conoce "La Verdad".

Nivel 8 tipo Uno está obsesionado con las imperfecciones que ve en sí mismo y en los demás. El individuo en este nivel quiere que todo el mundo arregle sus errores y, desafortunadamente, puede decir una cosa y hacer lo contrario, lo que los hace bastante contradictorios.

El nivel 9 es el más insano y el más bajo del desarrollo del tipo Uno. En esta etapa de desarrollo, el individuo es condenatorio y cruel consigo mismo y con los demás porque no puede soportar las imperfecciones que ve. El hecho de no estar a la altura del ideal que consideran perfecto es demasiado para soportarlo, y a menudo encontramos a esta persona profundamente deprimida, sufriendo crisis nerviosas, e incluso contemplando o intentando el suicidio.

Adicciones:

Para sobrellevar y suprimir parte del malestar emocional y psicológico al que se enfrenta este tipo, especialmente en los niveles de desarrollo poco saludables, los Uno pueden recurrir al alcohol.

Algunos, sin embargo, intentan forzar su autocontrol mediante la ingesta de alimentos, lo que les lleva a la bulimia o a dietas extremas y vitaminas.

CÓMO RECONOCER SI ERES UN UNO DEL ENEAGRAMA

Veamos algunos rasgos fáciles de detectar para un Eneagrama tipo Uno, y asegúrate de tomar nota de con cuántos te identificas. Ten en cuenta que algunos de estos rasgos serán más pronunciados en los sanos, mientras que otros estarán más presentes en los no sanos.

- Te exiges a ti mismo un nivel de exigencia extremadamente alto en todo lo que haces.
- La mayoría de la gente, incluido tú mismo, tiende a utilizar el término "perfeccionista" o "estricto" al describirte.
- Eres increíblemente organizado, diligente, sistemático y prosperas en los sistemas y la estructura.
- ¿Reglas? Te encantan las reglas y crees que es la mejor manera de hacer las cosas.
- Tu estilo de comunicación es directo, honesto y reflexivo.
- Te gusta hacerte cargo de tus obligaciones y todo el mundo sabe que eres súper responsable.
- La paciencia no es uno de tus puntos fuertes, especialmente cuando las cosas no van como quieres.
- Te esfuerzas por controlar y civilizar tus impulsos naturales. La espontaneidad y la asunción de riesgos te parecen tontas e innecesarias.
- Hay un crítico interno súper ruidoso con el que tienes que lidiar todos los días, ya sea la voz de un padre o de otra persona, que te critica constantemente cuando fallas.

- Para ti es esencial tener los pies en la tierra y ser justo, por lo que haces todo lo posible por separar las emociones de un problema. Esto es especialmente cierto cuando el problema implica tomar una decisión importante que afecta a otros.

LUCHAS QUE PUEDEN TENER LOS DE TIPO UNO

Expectativas poco realistas

A todos los Uno les mueve la necesidad de mejorar el mundo que les rodea y de llevar una vida ética, honesta, honorable y responsable. Si un tipo Uno dice que hará algo, puede apostar todo a que lo hará.

Muchas personas respetan y dependen en gran medida de los Uno porque son totalmente fiables, éticos y se comportan con gran integridad. Establecen unos estándares muy elevados que sólo ellos pueden cumplir, y en algunos casos es bastante inspirador. Pero a veces, estos altos estándares pueden convertirse en una maldición. Cuanto más enfermizo sea un tipo Uno, mayor será esta maldición porque a menudo proyectará sus propias insuficiencias a los que le rodean. Un tipo Uno suele ser su peor crítico, e incluso los fracasos más pequeños pueden llegar a ser insoportables, lo que les lleva a tomar medidas drásticas, incluido el autocastigo.

Tomarse todo demasiado en serio

Los de tipo medio y enfermizo pueden dar la impresión de ser individuos rígidos y sin sentido que tienen poco gusto por la diversión. No saben relajarse ni disfrutar de la vida con un poco de espontaneidad. Las actividades de ocio les parecen indulgencias innecesarias e incluso inmorales. Su autocontrol es algo forzado porque no quieren lidiar con sus emociones, lo que dificulta que la persona exprese sus sentimientos con naturalidad.

No es suficientemente bueno

Los Promedio y los Insalubres suelen ser los que más luchan con esto. Consideran que sus fallos y defectos son inaceptables, por pequeños que sean. El autojuicio y la crítica son elevados en estos niveles de desarrollo, lo que hace que el individuo se sienta derrotado por la vida y no lo suficientemente bueno para lo que desea tener.

Llenar demasiado tu plato

Con esto, me refiero a asumir demasiadas responsabilidades y llevarnos al límite. Muchos tipo Uno creen que necesitan llevar el peso del mundo sobre sus hombros. Aunque parezca muy desinteresado, no suele ser una idea inteligente, ya que genera mucha ansiedad, agobio, frustración y estrés indebido. La necesidad de hacerlo todo a la perfección sólo agrava el asunto creando sentimientos de culpa, especialmente cuando no se cumplen sus elevados estándares o si fracasan en algo.

CONSEJOS DE CRECIMIENTO PARA UNOS

#1: Permítete "jugar" y sacar algo de tu infancia interior, sobre todo los aspectos fáciles de llevar.

Permítete ser tonto, divertido y de espíritu libre. Elige conscientemente reservar tiempo para una actividad divertida, ya sea jugar a tus juegos de mesa favoritos, bailar, pintar, hacer cerámica o simplemente ir al parque con un amigo y jugar al frisbee.

#2: Pedir ayuda

Es normal que un tipo Uno quiera llevar el peso del mundo sobre sus hombros, pero todo el mundo sabe que hacemos nuestro mejor trabajo cuando es un esfuerzo de equipo. No te quemes intentando ser perfecto en todo. En lugar de eso, observa tu carga de trabajo actual y las cosas que te resultan difíciles y pide ayuda a los demás. Y cuando otros vengan a ayudar, recuérdate que está bien que no sean perfectos o que no lo hagan exactamente como tú. Son únicos y harán su mejor trabajo cuando les des espacio para hacer lo suyo.

#3: Abandona ese crítico interno

Hay que controlar inmediatamente tu diálogo interior. Menospreciarte a ti mismo, buscar culpables y pensar demasiado en las debilidades, los fracasos y los defectos sólo destruyen la autoestima. Es hora de silenciar esa voz. No ocurrirá en un chasquido de dedos, pero las cosas mejorarán con la práctica y la acción deliberada para cambiar la conversación. Considera la posibilidad de crear un avatar tonto para ese crítico interior y cambiar el tono de voz para que coincida con un personaje de dibujos animados que te resulte gracioso. También puedes practicar más la compasión y el amor propio, de lo que hablaremos a continuación.

#4: Practicar el amor propio y la autoaceptación

La mejor manera de potenciar las cualidades positivas de tu tipo y sanar los aspectos que no te sirven es aumentar tu amor propio y tu aceptación. Aprende a amarte incondicionalmente, incluso las partes que no te gustan especialmente de ti. Cuando ese crítico interior te diga algo, responde con un "gracias por llamarme la atención sobre eso. Sigo pensando que he hecho un buen trabajo".

#5: Reconoce, abraza, procesa y sana tu emoción no resuelta

La ira no te sirve, así que fingir que no está ahí sólo te desconecta de tu ser superior. En lugar de reprimir o suprimir la ira, encuentra formas saludables de procesar y sanar. Por ejemplo, cuando alguien hiera tus sentimientos, no caigas en un comportamiento pasivo-agresivo, hazle saber que te ha herido o encuentra otra forma de abordarlo, como escribir una carta y luego quemarla. O, cuando sientas que se está gestando la ira, busca un lugar privado donde puedas gritar a pleno pulmón o golpear tu almohada hasta que se libere toda la emoción.

TIPO 2: EL DADOR/AYUDANTE

Visión general del tipo Dos:

A los Tipo Dos se les llama ayudantes porque están genuinamente invertidos en ayudar a los demás, especialmente en niveles saludables de desarrollo. E incluso si están poco desarrollados, siguen estando muy interesados en verse a sí mismos como personas que ayudan. Las relaciones son muy importantes para los tipos Dos. El sentido de pertenencia y de sentirse amado es esencial para un ayudante, lo que les lleva a buscar relaciones en las que puedan nutrir, cuidar y ayudar a los demás. Están deseosos de involucrarse en la vida de otras personas y les cuesta la palabra "No". De hecho, a veces pueden aceptar ayudar a alguien incluso a su costa porque sienten la necesidad de demostrar que son fiables. Los Tipo Dos son cálidos, amables, excelentes jugadores de equipo e irradian amabilidad a todo el mundo. En el trabajo, se centrarán en establecer relaciones, ofrecer apoyo y hacer todo lo posible para crear un entorno más pacífico y afectuoso.

Los diferentes tipos de Dos verán el mundo en función de su nivel de desarrollo, pero como regla general, los Dos sanos son desinteresados y encuentran su realización a través de diversos actos de dar amor incondicional. No sólo entienden el significado de la empatía, sino que la encarnan en su vida diaria. A los Dos medios les gusta adoptar un papel de mártires en sus relaciones. Necesitan una validación constante y sufren mucho por complacer a la gente. Los Dos enfermizos son excesivamente posesivos, disfrutan de las fiestas de compasión y a menudo utilizan la simpatía para llamar la atención de la gente. Algunos se vuelven pegajosos y dominantes. El aspecto nutritivo y generoso se envenena y manipula, haciendo que sus intenciones no sean sinceras.

Dentro de la tríada de los Centros de Inteligencia, los del tipo Dos caen en el centro del "corazón", donde la vergüenza es la emoción principal a resolver.

Un tipo Dos sano se mostrará amable, atento, compasivo, empático, gentil, paciente, solidario y cariñoso. En realidad, estas son cualidades bastante distintivas que se pueden observar fácilmente en los tipos Dos. También se puede observar que tienden a ser muy complacientes con la gente, especialmente en los niveles más bajos de desarrollo.

En su mejor momento, los Dos son considerados, generosos, cariñosos y centrados en las personas. Conocen su autoestima y logran un sano equilibrio entre el servicio desinteresado y la atención a su propio crecimiento y necesidades.

Deseo central: Los del tipo Dos quieren ser apreciados, valorados y deseados. Tienen una fuerte necesidad de pertenecer y ser amados.

Miedo central: Los del tipo Dos temen el rechazo, perder el amor o no ser queridos.

¿Qué motiva al tipo Dos? La necesidad de pertenecer y ser deseado por los demás. Los Dos quieren sentirse necesitados, y a menudo buscan que los demás expresen su acuerdo y reivindiquen su bondad.

Alas:

El Tipo Dos tiene el Ala Uno, que es "El Siervo", y el Ala Tres, que es "El Anfitrión/Anfitriona".

Las flechas y su significado:

El tipo tiene dos flechas, la 8 y la 4. Cuando se mueven en la dirección de la desintegración y el estrés (ocho), los Dos son necesitados, posesivos, muy agresivos y dominantes en sus relaciones. Tienen niveles de orgullo poco saludables. Sin embargo, la flecha que apunta hacia el crecimiento y la integración (cuatro) nos muestra que un Dos orgulloso y autoengañado puede transformarse en un individuo más autodidacta y emocionalmente consciente como un Cuatro sano.

Ejemplos de personas famosas:

Algunas personas conocidas que comparten el tipo Dos del Eneagrama son la Madre Teresa, Maya Angelou, Eleanor Roosevelt, Monica Lewinsky, Luciano Pavarotti, Lionel Richie, Elizabeth Taylor, el obispo Desmond Tutu, Paula Abdul, Priscilla Presley, Dolly Parton y Paramahansa Yogananda.

Niveles de desarrollo del tipo Dos:

Hay diferentes expresiones del tipo Dos que tendrás que aprender. En varias etapas de desarrollo, el tipo Dos mostrará ciertos comportamientos y actitudes dependiendo de cuán desconectados estén de su Yo superior. Veamos cada nivel.

Niveles saludables

El nivel 1 es el de un tipo Dos y su mejor versión. Un individuo que opera en este nivel es altruista, profundamente altruista y humilde. Esta persona ama genuinamente de forma incondicional y encuentra un equilibrio saludable entre el amor y la entrega a los demás y el cuidado de sí misma. Este tipo Dos da libremente sin esperar nada y siente que es un privilegio estar en la vida de los demás y tener el poder de alimentar relaciones tan poderosas. La conexión con el yo superior es óptima, y este tipo Dos sabe que siente que al dar a los demás, en realidad está dando al todo.

En el nivel 2, el tipo Dos irradia naturalmente empatía, consideración, perdón y compasión por los demás. Se preocupan mucho por las necesidades de los demás y son sinceros en sus intentos de cuidar y amar a los demás.

En el nivel 3, el tipo Dos se centra más en servir a los demás, alabar, apreciar y encontrar lo bueno en los demás. Son generosos y absolutamente fiables, pero saben encontrar el equilibrio entre el cuidado de los demás y la atención a sus propias necesidades.

Niveles medios

En el nivel 4, el tipo Dos cae en la trampa de complacer a la gente en un intento de ser considerado útil y razonable. Se vuelven demasiado amistosos, emocionalmente demostrativos y quieren demostrar que son fiables.

En el nivel 5, el tipo Dos comienza a ser servicial y se vuelve intrusivo. En este punto, el Dos comienza a enviar señales contradictorias porque su generosidad viene acompañada de expectativas. Necesitan que se les necesite, lo que hace que se entrometan y "controlen" en nombre del amor.

En el nivel 6, el tipo piensa demasiado en su naturaleza dadivosa y parece llevar un aire de autoimportancia y autojustificación. También son bastante necesitados, presuntuosos y condescendientes. Cuando se empieza a ver el declive de esa sana naturaleza dadivosa, este tipo dos es más un mártir que otra cosa, y exige que los demás alaben y reconozcan todo lo que hace.

Niveles poco saludables

En el nivel 7 se produce un giro hacia el lado oscuro del tipo dos, en el que esa capacidad de cuidar y crear relaciones se utiliza como herramienta de manipulación y engaño. Esta persona no tiene reparos en utilizar tácticas de culpabilidad y vergüenza para conseguir lo que quiere. Empieza a menospreciar a los que le rodean y a utilizar palabras despectivas. También han perdido el contacto con sus emociones. En lugar de atender a sus necesidades, este tipo Dos recurre a la comida y a la medicación como mecanismos de afrontamiento. La simpatía que obtienen por sus problemas es enormemente agradable, y es donde encontramos a algunos que se mantienen permanentemente en este estado como una forma de conseguir la atención y el amor de los demás.

El nivel 8 es un Dos muy dominante y coercitivo. Todo lo que quieren es "salirse con la suya", poseen un fuerte sentido del derecho, sintiendo que la gente les debe algo por ser tan dadivosos.

El nivel 9 es la etapa de desarrollo menos desarrollada para el tipo Dos, y prosperan en la mentalidad de víctima. Se consideran aprovechados, lo que les convierte en individuos enfadados, resentidos, amargados y agresivos. Esto suele conducir a problemas de salud crónicos.

Adicciones:

Para sobrellevar y suprimir parte del malestar emocional y psicológico al que se enfrenta este tipo, especialmente en los niveles de desarrollo poco saludables, los Dos pueden recurrir a los medicamentos sin receta y a los atracones. El comer en exceso o "comer por estrés" proviene de esta necesidad de llenar el vacío o la falta de amor que están experimentando.

CÓMO RECONOCER SI ERES UN ENEAGRAMA DOS

Veamos algunos rasgos fáciles de detectar para un Eneagrama tipo Dos, y asegúrate de tomar nota de con cuántos te identificas. Ten en cuenta que algunos de estos rasgos serán más pronunciados en los Dos sanos, mientras que otros estarán más presentes en los Dos no sanos.

- Te sientes fuertemente impulsado a crear relaciones significativas con los demás, y disfrutas haciendo que la gente se sienta valorada e importante.
- Los desconocidos tienden a acercarse a ti y pedirte indicaciones o ayuda. A todos tus amigos y familiares les resulta fácil pedirte consejo o discutir asuntos personales porque te sientes cálido y comprensivo.
- Estás muy atento a las necesidades de los demás y puedes saber rápidamente cómo se siente alguien aunque no te lo diga.
- Su estilo de comunicación es cálido, cariñoso, compasivo y empático.
- Inviertes mucho tiempo en estar en contacto con las personas de tu mundo. Las relaciones son lo que más valoras.
- Cuando se trata de tus relaciones románticas, te gusta desempeñar un papel más de apoyo y tiendes a ser el más afectuoso y afirmativo de la relación.
- Estás atento, comprometido y presente cuando interactúas con los demás, lo que a veces puede resultar abrumador, especialmente cuando están siendo dramáticos.
- No te gustan las críticas ni la competencia.
- En tu mejor momento, te sientes creativo, cómodo en tu piel y aceptas lo que eres.

- A veces, te preocupa que tener necesidades y expresárselas a otro esté mal. Tu miedo a ser egoísta es frecuente, y eso puede hacer que a veces descuides tus propias necesidades o incluso que digas "no" a cosas que no te gustan.

LUCHAS QUE PUEDE TENER EL TIPO DOS

Decir "No."

El egoísmo es un gran problema para un tipo Dos, y lo último que quiere es dar la impresión de serlo, por lo que nunca dice que no. A un Dos generoso le resulta difícil decir que no, incluso cuando sabe que es lo correcto. La mayoría de las veces, un Dos se excede porque no quiere parecer poco fiable o inútil. Debido a que la autoestima y el valor personal de un tipo Dos se centran en ser bueno y dar generosamente, a menudo tiene dificultades para equilibrar las demandas de los demás y atender sus propias necesidades, lo que me lleva al siguiente punto.

Atender tus necesidades

Los del Tipo Dos son notoriamente buenos en el auto-descuido, todo en nombre de servir a los demás. Su naturaleza abnegada a menudo puede crear muchos problemas internos porque nunca tienen tiempo para atender sus propias necesidades emocionales, espirituales o físicas. Esto es especialmente cierto en el caso de los Dos medios y poco saludables, que se debaten constantemente entre querer ayudarse a sí mismos y ayudar a los demás para poder seguir recibiendo amor.

Sentirse no querido

Los Dos medios y poco saludables temen no ser queridos, por lo que hacen todo lo posible para servir a los demás a cambio de ese amor que anhelan. No es raro que un tipo Dos se sienta vacío, no visto, incomprendido o incluso infravalorado, pero eso suele deberse a que "exagera" las cosas esperando puramente recibir la misma generosidad de vuelta.

CONSEJOS DE CRECIMIENTO PARA DOS

#1: Establecer límites saludables

Decir que no es difícil, lo sé, pero a menos que empieces a crear límites saludables para ti mismo, acabarás resentido con las mismas personas a las que intentas ayudar. Recuérdate a ti mismo que está bien decir "No, no puedo hacer eso ahora mismo" o No, [rellena el espacio en blanco]. Empieza con cosas pequeñas que te parezcan menos egoístas y ve subiendo. Y siempre que sientas que alguien está tratando de aprovecharse de ti, ten el valor de hablar y hacerles saber que no lo harás porque no se sienten genuinos. No tengas miedo de usar tus palabras y expresar tus sentimientos. Créeme, los que te quieren de verdad no quieren que seas un felpudo.

#2: Priorizar el autocuidado

¿Qué cosas puedes hacer para sentirte especial? Date un baño especial y largo cada semana, apúntate a una clase de pintura sólo por diversión o regálate masajes semanales en el spa. Todo lo que puedas hacer para cuidarte, como dormir bien, comer sano, dedicar tiempo al ejercicio, etc., son formas de practicar el auto-cuidado. Esto no es egoísta; es la forma de llenarse plenamente para poder tener la energía necesaria para dar y cuidar generosa-mente de los demás.

#3: Practica el amor propio, la autoaceptación y la compasión

El amor propio y la compasión son esenciales para todos los tipos de eneagrama, pero es primordial para ti porque tu tipo tiende a olvidar por completo que tú también tienes necesidades. Los niveles de desarrollo medio e insano requerirán mucho más trabajo porque la ira es fuerte en estos niveles inferiores, pero puedes aprender a amarte, aceptarte y curarte. Hay muchos maestros espirituales que enseñan muy bien las estrategias para el amor propio, como Louise Hay y Deepak Chopra. Encuentra un maestro espiritual que te haga eco y pon en práctica las prácticas de amor propio que te ofrecen. Sé paciente contigo mismo mientras realizas estas prácticas y, pase lo que pase, no te abandones.

#4: Afirmarte a ti mismo

Considera la posibilidad de dejarte pequeñas notas por toda la casa con afirmaciones que te hagan sentir bien contigo mismo. Por ejemplo, "Me quieren", "Soy querible", "Me quiero y me apruebo" o "Soy hermosa y todos me quieren y me aceptan por lo que soy".

#5: Dedica algo de "tiempo a solas" tan a menudo como sea posible

Te animo a que lo conviertas en una práctica diaria, aunque estés solo media hora. Es mejor que nada. Mientras estés solo, haz algunas "comprobaciones" para ver cómo te sientes, qué piensas y qué necesidades no están cubiertas. Tomarte regularmente un tiempo para estar con tus pensamientos y emociones hará que evites la trampa de pensar que tu fuente de alegría o amor viene de los demás.

TIPO 3: EL TRIUNFADOR/EJECUTANTE

Visión general del tipo Tres:

El tipo Tres se denomina competitivo porque le encanta ser el mejor y tener lo mejor en la vida. Los Tres son muy trabajadores, a menudo preocupados por su imagen, orientados a la consecución de objetivos y con un impulso interior casi imparable. Su carisma y su impresionante aspecto exterior les hacen muy atractivos, y eso causa una excelente primera impresión. Los Tres suelen gustar mucho a la gente porque poseen un montón de logros notables y de detalles sociales. Son hacedores enérgicos y están deseosos de producir cosas que les hagan sentir y ser percibidos como significativos.

En el trabajo, se mostrarán como personas con principios, ingeniosas, impulsadas, motivadas y alentadoras para los demás, especialmente cuando todos avanzan hacia un objetivo común.

Los diferentes tipos de Tres ven el mundo en función de su nivel de desarrollo, pero como regla general, los Tres sanos son auténticos, se aceptan a sí mismos y son grandes modelos de conducta. Los Tres medios se preocupan demasiado por su imagen y por lo que los demás piensan de ellos. Suelen tener problemas de adicción al trabajo y de "ajetreo". Los Tres insanos son excesivamente competitivos, despectivos y difíciles de tratar. Toda su autoestima y su identidad están ligadas a sus posesiones y logros.

Dentro de la tríada de los Centros de Inteligencia, el tipo Tres cae en el centro "corazón", donde la vergüenza es la emoción principal a resolver.

Un tipo Tres sano será ambicioso, valiente, confiado, carismático, optimista, trabajador, adaptable, inspirador y orientado al éxito. En realidad, estas son cualidades bastante distintivas que uno puede observar fácilmente en el tipo Tres.

En el mejor de los casos, los Tres son grandes modelos de conducta, los mejores en sus campos y excelentes para inspirar a los demás a liberar su potencial.

Deseo central: Los Tres son los que más desean sentirse valiosos y dignos.

Miedo central: Los Tres luchan contra el miedo a no valer nada y a fracasar. El miedo a ser insignificante impulsa a este tipo a encontrar formas de tener éxito e influencia.

¿Qué motiva a un tipo Tres? La atención y la admiración son los mayores motivadores de este tipo de personalidad. Su necesidad de ser significativo e impresionante les lleva a esforzarse y hacer más y a ir más allá.

Alas:

El Tipo Tres tiene el Alas Dos, que es "El Encantador", y el Alas Cuatro, que es "El Profesional".

Las flechas y su significado:

El tipo tiene dos flechas, la 6 y la 9. Cuando se mueve en la dirección de la desintegración y el estrés (nueve), los Tres son vanidosos, desvinculados y apáticos. Sin embargo, la flecha que apunta hacia el crecimiento y la integración (seis) nos muestra que los Tres engañosos y competitivos pueden transformarse en individuos colaboradores y orientados al servicio, como los Seis sanos.

Ejemplos de personas famosas:

Algunas personas conocidas que comparten el tipo Dos del Eneagrama son Bill Clinton, Arnold Schwarzenegger, Muhammed Ali, Andy Warhol, Oprah Winfrey, Deepak Chopra, Tony Robbins, Madonna, Sting, Will Smith, Whitney Houston, Lady Gaga, Brooke Shields, Tiger Woods, Elvis Presley, Jamie

Foxx, Richard Gere, Cat Deeley, Anne Hathaway y Reese Whitherspoon.

Niveles de desarrollo del Tipo Tres:

Hay diferentes expresiones del tipo Tres que necesitarás aprender. En varias etapas de desarrollo, un tipo Tres exhibirá ciertos comportamientos y actitudes dependiendo de cuán desconectados estén de su Yo superior. Veamos cada nivel.

Niveles saludables

El nivel 1 es un tipo Tres en su mejor momento. Este individuo se acepta a sí mismo, es auténtico, caritativo, humilde, gentil, benévolo, y excelente para desbloquear la grandeza en sí mismo y en los demás.

El nivel 2 es cuando un Tres es enérgico, competente, seguro de sí mismo y cree en su propio valor. Su naturaleza encantadora y graciosa atrae a la gente hacia ellos.

El nivel 3 es cuando el tipo Tres está bastante arraigado en ciertas cualidades culturales admirables, dependiendo de lo que se le haya condicionado. Si la persona creció en una familia que valora el éxito en forma de fama, trabajaría para convertirse en un actor famoso, modelo, escritor o algún tipo de figura pública. Los que provienen de una familia religiosa podrían convertirse en algún tipo de figura religiosa o en alguien notable que sea admirado por su comunidad. En este nivel, el tipo Tres es ambicioso y está ansioso por demostrar que es el mejor.

Niveles medios

En el nivel 4 es donde empezamos a ver que se forma un matiz algo negador. El tipo Tres está muy preocupado por el rendimiento, por hacer bien su trabajo y por obtener crédito por su labor. Tienen una fuerte necesidad de alcanzar metas, y su autoestima está ligada a sus logros. A este tipo Tres le aterra el fracaso, y se comparan constantemente con los demás en busca de estatus y éxito. Nada les importa más que llegar lo más alto posible en su carrera y en la sociedad para que los demás vean que son los mejores.

En el nivel 5, los Tres promedio se consumen demasiado por su estatus social y su imagen pública. Se esfuerzan por tener el "paquete" adecuado según las expectativas de los demás. Aunque siguen siendo muy eficientes y pragmáticos, han empezado a perder el contacto con sus emociones y su verdadera identidad. Para salvar su imagen pública, a veces pueden hacer cosas cuestionables. La intimidad en este nivel de desarrollo es muy pobre, ya que les cuesta tener conexiones reales. Todo es escenificado y falso.

En el nivel 6, el tipo Tres se siente superior a los demás, pero también lucha contra la inferioridad cuando trata con quienes considera más exitosos. Son bastante narcisistas y tienen nociones infladas sobre sus talentos y logros. Algunos incluso adornan la información sobre sí mismos para parecer más impresionantes. Cuando tratan con personas que consideran menos competentes, pueden ser bastante despectivos y condescendientes. Los celos y el desprecio por los más exitosos empiezan a arraigar en este punto.

Niveles insanos

En el nivel 7 se produce un giro hacia el lado oscuro del tipo Tres, ya que se vuelven oportunistas, explotadores y celosos. Están dispuestos a hacer "lo que sea necesario" para preservar la ilusión de su superioridad y luchan profundamente con el miedo al fracaso.

En el nivel 8 es donde el tipo Tres se vuelve realmente tortuoso, malicioso y poco confiable. En este punto, el individuo traicionará a sus amigos, saboteará el éxito de otras personas y se abrirá paso a codazos hacia la cima. Se han vuelto mezquinos y excesivamente competitivos en todo. Cualquiera que lo haga mejor que ellos es percibido ahora como una amenaza, y sus celos están afectando a su juicio.

En el nivel 9, el tipo Tres se vuelve completamente malvado, convirtiéndose en una persona vengativa, despiadada y obsesiva que destruye todo lo que se interpone en su camino, especialmente cuando percibe a esa cosa o persona como una amenaza. Este tipo Tres exhibe un comportamiento psicopático, y su energía está completamente mal dirigida, haciéndolos bastante peligrosos para su propio bienestar y el de los demás. La mayoría de las personas que padecen el trastorno narcisista de la personalidad entran en esta categoría.

Adicciones:

Para sobrellevar y suprimir parte del malestar emocional y psicológico al que se enfrenta este tipo, especialmente en los niveles de desarrollo poco saludables, los Tres pueden recurrir a la ingesta excesiva de estimulantes, cocaína, esteroides o someterse a una cirugía radical para mejorar su aspecto. También es posible que trabajen hasta la extenuación tratando de probarse a sí mismos ante el mundo.

CÓMO RECONOCER SI ERES UN TRES DEL ENEAGRAMA

Veamos algunos rasgos fáciles de detectar para un Eneagrama tipo Tres y toma nota de con cuántos te identificas. Ten en cuenta que algunos de estos rasgos serán más pronunciados en los Tres sanos mientras que otros serán más identificables con los Tres no sanos.

- Tu impulso interno y todo tu ADN están orientados a la productividad. Parece que tienes un deseo innato y un sentido de urgencia por hacer más en la vida. Mientras que los eneagramas persiguen el "equilibrio entre el trabajo y la vida" y la paz a través del descanso de las relaciones, tú corres en la dirección opuesta. La tranquilidad para ti es saber que estás construyendo algo magnífico.
- Tiendes a ser demasiado competitivo incluso cuando no es necesario, especialmente en los niveles más bajos de desarrollo.
- Hay un don inherente a la capacidad de leer una habitación y cambiar tu persona en consecuencia. Algunos lo llaman cambio de forma y lo consideran algo maligno; tú no estás de acuerdo, por supuesto.
- Tienes aplomo, carisma y sabes intuitivamente qué decir en casi cualquier situación. Puedes hacer amigos y crear aliados a partir de casi cualquier persona.
- Tu imagen te importa mucho y te gusta acentuar tus mejores rasgos.
- Piensas constantemente en el futuro y en cómo podría ser mejor. Muchos llamarían a eso ser un visionario, ¡y tú estás de acuerdo!
- Luchas contra las inseguridades y los sentimientos de vacío, especialmente en esos niveles de desarrollo medios y poco saludables. Eso hace que a menudo cubras y "enmascares" esas debilidades, para poder seguir pareciendo impresionante.

LUCHAS QUE PUEDE TENER EL TIPO TRES

Tener que soportar la ineficacia y la incompetencia

Los tres son personas naturalmente trabajadoras que creen en el desarrollo de sus talentos y habilidades. No hay nada más insultante que la incompetencia, así que cuando tienen que trabajar con personas perezosas, desorganizadas o ineficientes, es simplemente insoportable. Para un tipo Tres es una locura que la gente pueda estar tan desconcentrada y distraerse fácilmente con cosas triviales. Trabajar con estas personas "normales" es toda una lucha.

Complejo de inferioridad y superioridad

Esto es más pronunciado en los niveles de desarrollo promedio y no saludable cuando un Tres es muy propenso a compararse con otros. Cuando está rodeado de personas menos exitosas, el Tres se siente muy orgulloso y superior. Por otro lado, cuando está rodeado de personas más exitosas, el Tres experimenta una abrumadora sensación de inseguridad e inferioridad. Superar esta lucha requiere un gran trabajo de desarrollo personal y autodescubrimiento para que un Tres pueda finalmente sentirse satisfecho con lo que es y lo que ha logrado.

Sentirse poco querido

Muchos Tríos sienten que los demás les quieren por sus logros y su éxito exterior. A veces, luchan por practicar el amor propio debido a esto mismo. Sin tu imagen pública, tu estatus especial y tus logros, ¿sabes quién eres? ¿Seguirías sintiéndote digno y querible si te quitaran todo eso? Ese miedo subyacente a que tu autoestima esté ligada a lo que haces y a lo que tienes es la principal razón por la que te obsesionas con competir y ganar a toda costa. En algún momento de tu desarrollo, te condicionaron a creer que para sobrevivir, tu enfoque debe ser el rendimiento y la acción. Y aunque no hay nada malo en la excelencia y el rendimiento, nunca debe ser la medida de tu valor.

Agotamiento

El Tipo Tres se centra obsesivamente en el éxito y los logros. Esto a menudo les impide satisfacer sus necesidades fisiológicas y psicológicas. Con el tiempo, luchan contra la fatiga, la falta de sueño y otros problemas de salud, todo ello en nombre de la persecución de ese sueño. Si algo o todo lo anterior le resulta familiar, es hora de tomar el control de su salud. Cuida tu mente y tu cuerpo si quieres conseguir más cosas en la vida. Utiliza la tecnología a tu alcance para establecer temporizadores que te permitan hacer una pausa durante el día e hidratarte o incluso hacer una siesta. ¿Necesitas trabajar muchas horas? No pasa nada. Sólo tienes que asegurarte de que comes bien, haces ejercicio, bebes mucha agua, evitas el exceso de cafeína y, en cuanto puedas, tómate unas vacaciones para resetear. También puedes aprender algunas de las técnicas y prácticas que se comparten al final del libro para que puedas integrar algunos rituales saludables en tu agitado estilo de vida. Nadie te pide que dejes de ser quien eres. Vivir el Eneagrama no consiste en renunciar a tus sueños, sino en perseguir los deseos que merecen la pena de una forma holística que te sirva positivamente a ti y a todos los demás.

CONSEJOS DE CRECIMIENTO PARA TRES

#1: Funda su valor en algo más que los logros

Aunque estés muy orientado al éxito y valores los logros, date cuenta de que nada de lo que hagas añade o resta valor a tu verdadera autoestima. Al principio será un concepto difícil de entender, pero cuanto más descubras tu verdadero yo, más fácil será cambiar tu ancla de las cosas terrenales y transitorias a una Fuente superior e indestructible. Eso te traerá una nueva sensación de seguridad, alegría y confianza para seguir desarrollándote y alcanzando logros en la vida, pero con menos egoísmo.

#2: Priorizar el descanso y el tiempo de inactividad

Es común que los Tres trabajen hasta el cansancio. Eso no es ni saludable ni necesario. Para lograr la grandeza en su vida y tener la influencia duradera y el legado que sueña, el descanso, la relajación, el tiempo de inactividad, y también debe priorizar el tiempo de la familia. Esfuérzate por bajar el ritmo con regularidad y disfrutar del momento presente. No tiene por qué interferir con tu trabajo si eres creativo al respecto. Por ejemplo, puedes elegir hacer de los viernes por la mañana un momento para conectar con la gente, llamar a los amigos, desayunar con la familia, hacer yoga, pilates o cualquier otra forma de actividad relajante y agradable. Encuentra una rutina que se ajuste a tu estilo de vida y a tus horarios, y cíñete a ella.

#3: Cultiva la empatía y la compasión

Es fácil dejarse llevar por el modo "hacer" y olvidar que el don de gentes es un factor esencial para el éxito a largo plazo. La empatía y el diálogo emocional no son naturales para muchos de los Tres, por lo que es posible que tengas que trabajar en ello. Ten la suficiente conciencia de ti mismo para reconocer lo bueno o malo que eres a la hora de mostrar compasión cuando interactúas con alguien. Deténgase cuando responda al dolor o a la queja de alguien sin empatía. Hay un montón de pequeñas cosas que puedes hacer para aumentar estas cualidades cuando te falten. Un buen punto de partida es practicar la atención plena. Hablaremos más de esto en la última sección del libro.

#4: Elige ser tu auténtico yo en lugar de lo que el mundo espera que seas

Una creencia común entre los Tres es que el mundo sólo se preocupa por los ganadores. Es necesario abordar las limitaciones de este tipo de pensamiento, especialmente si careces de la suficiente conciencia de ti mismo para mantener tu ser auténtico incluso mientras persigues el éxito. Es importante volver a centrar tu energía en convertirte en la mejor versión de ti mismo en lugar de competir para vencer a los demás o impresionarlos de alguna manera. Will Smith tiene una gran frase que dice algo así "Gastamos el dinero que no tenemos en cosas que no necesitamos para impresionar a gente a la que no le importa". No hay nada bueno en ese tipo de enfoque, así que es mejor centrarse en dar rienda suelta a tu mejor yo en lugar de impresionar a un mundo al que realmente no le importa.

CAPÍTULO 6

SISTEMA DE TIPIFICACIÓN DE LA PERSONALIDAD DEL ENEAGRAMA PARTE 2

TIPO 4: EL INDIVIDUALISTA/ROMÁNTICO

Visión general del tipo Cuatro

El tipo Cuatro es comúnmente llamado individualista porque está muy centrado en sí mismo y se ve como único y "diferente" de los demás. Son apasionados (a veces demasiado emocionales) y a menudo malhumorados. Muchos de los mejores artistas e intérpretes se identifican con este tipo de eneagrama.

Las personas que se identifican como tipo Cuatro tienden a ser muy conscientes de sí mismas, sensibles y a menudo muy creativas, o al menos no tienen miedo de expresar su creatividad. Como inconformistas y repelidos por el estatus social, a los individualistas les gusta destacar y mostrar al mundo lo diferentes que son, ya sea a través de sus elecciones de moda o de sus estilos de vida poco convencionales y su producción creativa. Pasan una parte importante de su vida reflexionando sobre el pasado y buscando siempre descubrir su verdadera identidad. Por ello, cada experiencia y sentimiento se considera valioso, como si ofreciera una pista sobre un significado más profundo de la vida y de ellos mismos. Esta autorreflexión a veces puede resultar peligrosa, especialmente si el individuo se identifica como más defectuoso que los demás en algún aspecto. Más que cualquier otro grupo, los Cuatro tienen dificultades para desprenderse de lo que consideran insuficiencias y carencias personales. Oscilan entre los sentimientos de verdadera "aristocracia" y los profundos sentimientos de vergüenza y los temores de que, de alguna manera, son profundamente defectuosos. Los Cuatros son emocionalmente complejos, por no decir otra cosa. En el trabajo, tienden a fluctuar, siendo a veces cálidos, compasivos y emotivos, mientras que otras veces pueden ser totalmente secos y fríos. A menudo hay un tono subyacente de tristeza en su comunicación, incluso cuando han hecho un buen trabajo.

Los diferentes tipos de Cuatros verán el mundo en función de su nivel de desarrollo. Sin embargo, como regla general, los Cuatros sanos son compasivos y conscientes de sí mismos. Han encontrado una manera de vivir e integrar tanto la alegría como el sufrimiento. Los Cuatros no sanos están atrapados en una cámara de tortura creada por ellos mismos y sufren de autovictimización, envidia y desesperanza. Esto los hace altamente destructivos.

Dentro de la tríada de los Centros de Inteligencia, los Cuatros se sitúan en el centro "corazón" junto a los Dos y los Tres. En mayor grado que los tipos Dos y Tres, los Cuatros son más propensos a abrazar plenamente los sentimientos de pena y tristeza. Los sentimientos de vergüenza también son más pronunciados y expresados en este tipo. Realmente les cuesta creer que pueden ser amados por lo que son. Aunque están en sintonía con sus emociones, es una relación muy compleja y no siempre saludable.

Algunas cualidades descriptivas que puede reconocer en el tipo Cuatro son la conciencia de sí mismo, la melancolía, la expresividad, el idealismo, la creatividad y la sensibilidad emocional.

En sus mejores momentos, los Cuatro son compasivos, creativos y de corazón abierto. Buscan el significado y la profundidad en todo lo que hacen y se esfuerzan constantemente por el descubrimiento personal y la expresión creativa.

Deseo principal: Los Cuatros anhelan sentirse significativos, ser únicos y encontrar su verdadera identidad. También anhelan experimentar la misma felicidad que a veces ven en los demás.

Miedo central: Existe una profunda y punzante sensación de pérdida de felicidad y conexión que corroe a los Cuatros. Esto se amplifica aún más por el hecho de que se sienten diferentes y únicos, lo que significa que no creen que nadie pueda entenderlos realmente o ver su genuina magnificencia.

¿Qué motiva a un tipo Cuatro? Todos los Cuatro, en mayor o menor medida, quieren expresar su creatividad e individualidad. Les impulsa esta necesidad de crear y rodearse de belleza (sin embargo, uno puede definir la belleza dependiendo de su nivel de desarrollo).

Alas:

El Tipo Cuatro tiene el Ala Tres, que es "El Aristócrata", y el Ala Cinco, que es "El Bohemio".

Las flechas y sus significados:

El tipo Cuatro tiene dos flechas de conexión, la 2 y la 1. Cuando se mueve en la dirección de la desintegración y el estrés (dos), los Cuatros distantes se vuelven demasiado implicados y pegajosos como un Dos poco saludable. Sin embargo, la flecha que apunta al crecimiento y la integración (uno) muestra a un Cuatro envidioso y emocionalmente turbulento que se transforma en un individuo más consciente y objetivo como un Uno sano.

Ejemplos de personas famosas:

Algunas personas conocidas que comparten el tipo Cuatro del Eneagrama son Piotr I. Tchaikovsky, Virginia Woolf, Miles Davis, Bob Dylan, Paul Simon, Rumi, Frédéric Chopin, Alanis Morrisette, Jonny Depp, Nicolas Cage, Cher y Gustav Mahler.

Niveles de desarrollo del Tipo Cuatro:

Hay diferentes expresiones del tipo Cuatro que tendrás que aprender. En varias etapas de desarrollo, un tipo Cuatro exhibirá ciertos comportamientos y actitudes dependiendo de cuán desconectados estén de su Yo superior. Veamos cada nivel.

Niveles saludables

El nivel 1 es cuando un tipo Cuatro está en su mejor momento. Son increíblemente creativos, expresando tanto la conexión personal como la universal. La mayoría de las veces, esto será en una obra de arte. Este tipo Cuatro está inspirado. Han encontrado ese equilibrio emocional interior y han comprendido adecuadamente su identidad. Eso les hace renovarse, regenerarse y ser casi caprichosos, ya que son capaces de hacer que cada momento parezca mágico. Cada experiencia se transforma de forma natural en algo significativo para ellos y los que les rodean.

En el nivel 2, el tipo Cuatro expresa su compasión y su naturaleza amable. Este Cuatro es muy consciente de sus impulsos internos y se vuelve sensible a sus sentimientos e intuición. Son introspectivos, muy conscientes de sí mismos y pasan la mayor parte de su tiempo a solas buscándose a sí mismos.

En el nivel 3 es cuando vemos a un tipo Cuatro luchando realmente por ese sentido de singularidad e individualidad. Son emocionalmente honestos, se revelan a sí mismos, son humanos y no tienen miedo de mostrar su vulnerabilidad. Su perspectiva de la vida y de quiénes son es bastante irónica, y tienen una extraña manera de ser serios y divertidos a la vez.

Niveles medios

En el nivel 4, el tipo Cuatro tiene una orientación romántica hacia la vida, y su principal objetivo es crear hermosos entornos estéticos que promuevan ciertos estados de ánimo internos. Están muy en contacto con su imaginación y poseen una realidad elevada basada en la fantasía y la pasión.

En el nivel 5 vemos a un Cuatro más ensimismado e introvertido. En este punto, el individuo es muy malhumorado, hipersensible, demasiado consciente de sí mismo, y a menudo se retira del ojo público para proteger su imagen. Este Cuatro se toma todo como algo personal y puede ser muy difícil de tratar en el trabajo. La razón es que es mejor estar aislado mientras intenta resolver su turbulento mundo interior.

El nivel 6 es donde la introspección empieza a crear sombras que persiguen al individuo. Un Cuatro en este nivel siente que es diferente a los demás y que no tiene acceso a las alegrías que todos los demás parecen tener. Este individuo se vuelve muy melancólico y a menudo cae en un mundo de fantasía creado por él mismo donde se siente más seguro. Utilizan mucha autocompasión y ya empiezan a mostrar signos de envidia. No se hace mucho a partir de este punto porque es difícil ser productivo cuando uno está renunciando a vivir.

Niveles no saludables

El nivel 7 es donde el tipo Cuatro entra en una espiral descendente hacia el lado oscuro de su personalidad. Un Cuatro en este nivel siente una envidia crónica de los demás, se avergüenza, se paraliza emocionalmente, se deprime y se enfada consigo mismo porque ninguno de sus sueños se materializa. Esto les drena toda su energía, haciéndolos súper improductivos.

El nivel 8 es donde comienza el tormento para un Cuatro. El engaño, el desprecio a sí mismo, el odio a sí mismo y la culpa son el centro de atención. Cuando no se odian a sí mismos, están ocupados culpando a los demás de su existencia llena de tortura.

En el nivel 9 es cuando un Cuatro toca fondo y está más desconectado de su ser superior. En este punto, el individuo se siente desesperado, impotente e incapaz de convertirse en algo más de lo que es ahora. Esto los hace altamente autodestructivos y extremos. Algunos utilizan el alcohol y las drogas para escapar de esta vida de tormento, y otros consideran el suicidio. Este es un nivel peligroso para el tipo Cuatro, y se aconseja obtener ayuda inmediata.

Adicciones:

Para hacer frente a la confusión emocional y psicológica a la que se enfrenta este tipo, especialmente en esos niveles insanos de desarrollo, los Cuatro pueden recurrir al alcohol, al tabaco, a los medicamentos recetados, a la heroína o incluso a la cirugía estética, dependiendo de su proceso de pensamiento y de lo que estén intentando borrar de sus vidas.

CÓMO RECONOCER SI ERES UN CUATRO DEL ENEAGRAMA

Veamos algunos rasgos fáciles de detectar para un tipo Cuatro del Eneagrama y tomemos nota de con cuántos te identificas. Ten en cuenta que algunos de estos rasgos serán más pronunciados en los Cuatros sanos mientras que otros serán más identificables con los Cuatros no sanos.

- Estás muy atento a tus emociones y eres sensible a los demás y a sus sentimientos.
- Es fácil para ti formar conexiones profundas con la gente.
- Eres imaginativo, creativo y un pensador profundo.
- La autenticidad y la vulnerabilidad son las palabras que mejor te describen cuando interactúas con el mundo.
- Te gusta expresarte a través de la danza, la escritura, la música, la poesía u otras expresiones creativas.

LUCHAS QUE PUEDE TENER EL TIPO CUATRO

Utilizar el dolor como combustible para la creatividad

Los Cuatros tienen fama de perseguir el dolor y la tristeza para alimentar su creatividad entre los tipos centrados en el corazón. Si eres un Cuatro, ¿te has encontrado haciendo eso en algún momento? La mayoría de los Cuatros creen que el arte o la originalidad sólo se consiguen a través de una emoción intensa (normalmente una emoción negativa). ¿Lo crees tú? Si es así, eso te mantendrá atrapado en un mar de negatividad. En contra de la creencia popular entre los Cuatros, no es necesario sufrir para crear algo valioso para el mundo.

Melancolía

En situaciones de estrés, casi todos los Cuatros luchan con sentimientos de melancolía que rápidamente conducen a la autocompasión y a la depresión para los Cuatros de tipo insano.

Sentirse incomprendido

Los Cuatros a menudo se sienten incomprendidos por otras personas. Puede ser que los demás estén simplemente confundidos por el estado de ánimo siempre cambiante del Cuatro o que simplemente no estén acostumbrados a tratar con una persona que comparte abiertamente sus emociones más vulnerables y dolorosas. Sea cual sea el caso, si eres un Cuatro y sientes que la gente no te aprecia o no te entiende lo suficiente, en lugar de hacer lo que harían los Cuatros poco sanos, es decir, retirarse del mundo, opta por encontrar una forma de conectar con los demás de manera que te desarrolle a ti y a ellos.

Envidia

Muchos Cuatros (especialmente los que se encuentran en niveles medios y poco saludables) luchan con profundos sentimientos de envidia porque ven en los demás lo que sienten que les falta a ellos, lo que despierta los celos. Si a menudo se comparan con los demás y se sienten menos en su propia vida, esto debe abordarse de forma saludable.

CONSEJOS DE CRECIMIENTO PARA LOS CUATROS

#1: Cuida tu autoconversación

El diálogo interior puede ser negativo o positivo. Para muchos de nosotros tiende a ser negativo, lo que puede envenenar la confianza y la autoestima. En el caso del tipo Cuatro, el diálogo interno negativo puede ser perjudicial, incluso destructivo.

Presta mucha atención a ese crítico interior y decide reeducar esa voz interior para convertirla en una voz más cariñosa, amable y de afirmación positiva. Esto requerirá esfuerzo y práctica por tu parte, así que empieza poco a poco. Cada vez que te sorprendas pensando mal de ti mismo o de otra persona, haz una pausa, respira un poco y dite a ti mismo: "Ya estoy otra vez. Tirándome al pozo de la desesperación. Esta vez no. Elijo pensar un pensamiento diferente".

Procede a encontrar el siguiente mejor pensamiento que sea más positivo que tu anterior pensamiento negativo.

#2: No creas cada pensamiento y sentimiento que tienes

Muchos cuatros se convierten en esclavos de sus mentes y asumen el papel de víctimas cuando los pensamientos y las emociones negativas y abrumadoras entran en acción. La cuestión es que, por muy atormentador que sea un pensamiento, sólo es un pensamiento. Puedes elegir un pensamiento diferente. El hecho de que la idea se te haya ocurrido no significa que deba instalarse en tu casa mental. Por ejemplo, si sientes envidia y tienes malos pensamientos, puedes negarte a mantener esa emoción. Puedes expulsarla de tu mente y de tu cuerpo inmediatamente y ordenarle que se aleje de tu hogar mental. Con tu imaginación, abre la puerta de tu casa mental, ordena a ese pensamiento o emoción que salga y cierra la puerta. Inténtalo la próxima vez que aparezca un sentimiento desagradable.

#3: Practica la autodisciplina

Dada la tendencia a la pasividad e incluso a la procrastinación, te animo a desarrollar rutinas saludables que te permitan practicar la autodisciplina.

Todo debe tener su tiempo y su lugar, por ejemplo, un momento para simplemente divagar con la imaginación y otro para ser objetivo, pragmático y productivo. La clave está en crear una rutina saludable que te guste y mantenerla. Al desarrollar tu propia rutina personalizada, no sólo estás ejerciendo tu poder de individualidad, sino que también te estás dando reglas de compromiso que fomentan la mejor calidad de vida posible.

#4: Encuentra puntos en común entre tú y los demás

La única forma de eliminar esa horrible sensación de ser "diferente" de los demás es entrenarse para encontrar puntos en común al socializar con la gente. Cuantas más cosas puedas encontrar en común, más fácil será crear conexiones con los demás y encontrar a las personas que te quieren y aceptan por lo que eres.

#5: Celebra tus victorias, por pequeñas que sean

Una forma de evitar la trampa de la vergüenza y la ineptitud es fijarse en las cosas que haces bien y en los puntos fuertes que posees. Siempre que te propongas un objetivo y lo consigas, celébralo, por pequeño que sea. Si tienes un objetivo de trabajo o de salud, crea mini-hitos que te mantengan responsable y también te ayuden a saber cuándo debes celebrarlo.

TIPO 5: EL INVESTIGADOR

Visión general del tipo Cinco:

A los del tipo Cinco también se les llama observadores o especialistas silenciosos porque les mueve el deseo de adquirir conocimientos y comprensión. Son de mente sobria, disciplinada y muy inteligente. Los Cinco se sienten más cómodos en el ámbito del pensamiento, donde pueden pensar, investigar, descubrir y resolver objetivamente problemas complejos. Se preocupan mucho por averiguar por qué las cosas son como son y cómo funciona el mundo, ya sea el entorno local, el planeta o el cosmos. Aunque muchos del tipo Cinco tienen una orientación científica, algunos se sienten atraídos por las humanidades y las artes. De hecho, no es raro que un Cinco tenga inclinaciones artísticas aunque se dedique a una disciplina científica.

Los Cinco pasan mucho tiempo observando y contemplando con curiosidad todo lo que les rodea para obtener nuevos conocimientos. No les importa mucho lo que ya es familiar y está establecido en la sociedad. En cambio, quieren estar a la vanguardia de esa nueva idea o descubrimiento. A un Cinco le suele llamar la atención lo inusual, lo que se pasa por alto, lo extraño o el territorio desconocido. Adquirir conocimientos que otros no tienen es emocionante para un tipo Cinco. Por eso, muchos de ellos optan por especializarse en áreas en las que pueden obtener la suficiente experiencia como para ser considerados una autoridad en ese tema. En el trabajo, los Cinco son reservados, prefieren trabajar de forma autónoma y tienden a abordar cada proyecto o tema de forma analítica. Es posible que notes que no les gustan las charlas triviales y que, por lo general, se abstienen de interactuar socialmente a menos que se trate de un tema que les interese mucho.

Los diferentes tipos de Cincos verán el mundo en función de su nivel de desarrollo, pero como regla general, los Cincos sanos son pioneros autosuficientes, seguros de sí mismos e influyentes, y se les da muy bien enfrentarse a las emergencias o a las crisis porque saben mantener la calma y analizar objetivamente la situación. Los Cincos no sanos son retraídos de la sociedad, radicales y carentes de conciencia emocional. Les cuesta entender sus propias emociones y desarrollan rápidamente una visión de túnel, lo que dificulta las relaciones sanas.

Dentro de la tríada de los Centros de Inteligencia, el tipo Cinco se sitúa en el centro de la "cabeza" junto a los tipos Seis y Siete. La emoción subyacente no resuelta para los pensadores es el miedo. Los Cincos intentan evitar la sensación de miedo y ansiedad replegándose y protegiendo sus recursos internos.

Algunas cualidades descriptivas que puede reconocer en el tipo Cinco son la curiosidad, la erudición, la perceptividad, la autonomía, la perspicacia y la privacidad.

En el mejor de los casos, los Cinco son pioneros curiosos y visionarios que tienden a adelantarse a su tiempo. Tienen una increíble capacidad de previsión y un comportamiento tranquilo que reconforta a los demás.

Deseo principal: ser autosuficiente, libre y con conocimientos. Los Cincos quieren entender por qué las cosas funcionan como lo hacen, y la mayoría desea ser competente y sentirse seguro de sus conocimientos y recursos internos.

Miedo al núcleo: Los Cinco temen ser incapaces o indefensos.

¿Qué motiva a un tipo Cinco? Todos los tipos Cinco, en mayor o menor medida y dependiendo de lo saludable que sea su desarrollo, anhelan comprender su entorno. Les inspira su curiosidad y su deseo de conocer y comprender todo lo posible.

Alas:

El Tipo Cinco tiene el Ala Cuatro, que es "El Iconoclasta", y el Ala Seis, que es "El Solucionador de Problemas".

Las flechas y su significado:

El tipo Cinco tiene dos flechas de conexión, la 7 y la 8. Cuando se mueve en la dirección de la desintegración y el estrés (siete), los Cinco desapegados se vuelven dispersos, distraídos e hiperactivos como un Siete poco saludable. Sin embargo, la flecha que apunta al crecimiento y la integración (ocho) muestra a un Cinco desapegado transformándose en un individuo más seguro y decidido como un Ocho sano.

Ejemplos de personas famosas:

Algunas personas conocidas que comparten el tipo Cinco del eneagrama son Albert Einstein, Stephen Hawkin, Friedrich Nietzsche, Stephen King, Siddhartha Gautama Buda, Eckhart

Tolle, Emily Dickinson, Bill Gates, Mark Zuckerberg, Jane Goodall, Jodie Foster y Angela Merkel.

Niveles de desarrollo del Tipo Cinco:

Hay diferentes expresiones del tipo Cinco que tendrás que aprender. En varias etapas de desarrollo, un tipo Cinco exhibirá ciertos comportamientos y actitudes dependiendo de cuán desconectados estén de su Yo superior. Veamos cada nivel.

Niveles saludables

El nivel 1 es un tipo Cinco en su mejor y más alto desarrollo. En este nivel, el individuo tiene la mente abierta, está comprometido y ve el mundo como algo completo y abundante. Este Cinco ve las grandes cuestiones complejas con claridad y precisión. Esto les lleva a realizar descubrimientos pioneros y a encontrar formas totalmente nuevas de hacer y percibir las cosas. También han aprendido a reconocer, procesar e incluso abrazar su lado emocional, lo que les convierte en seres humanos completos y poderosos.

En el nivel 2, el tipo Cinco se centra intensamente en su objeto de atención. Son extraordinariamente perceptivos y curiosos sobre lo que estudian, y prefieren invertir la mayor parte de su tiempo en modo de observación.

El nivel 3 es cuando un Cinco invierte todo su tiempo en convertirse en un experto en un campo específico. Son innovadores, muy independientes y producen obras preciosas. El conocimiento les emociona y entusiasma.

Niveles medios

El nivel 4 es aquel en el que un Cinco dedica la mayor parte de su tiempo a pensar en las cosas y a construir modelos mentales y visuales para resolverlas. En este punto del desarrollo, el individuo tarda en pasar a la acción con sus ideas porque prefiere reunir todos los recursos posibles, preparar y probar sus ideas en su cabeza primero.

La mayoría de las personas tienden a sentirse fascinadas por los temas esotéricos poco convencionales, incluso por aquellos que implican elementos oscuros y perturbadores. Son intensos y muy nerviosos y pasan la mayor parte del tiempo solos. El nivel 5 es el punto en el que un tipo Cinco suele empezar a mostrar signos significativos de desapego.

El nivel 6 es cuando el tipo Cinco adopta una postura antagónica hacia cualquier cosa que amenace su mundo interior o su visión personal. Son cínicos, discutidores y tienen puntos de vista increíblemente radicales sobre la vida.

Niveles no saludables

En el nivel 7 vemos una espiral descendente hacia el lado oscuro de la personalidad. Este tipo 5 está aislado de la realidad, es excéntrico y nihilista. Su miedo empieza a ser el centro de atención, lo que les hace ser muy inestables y estar alejados de todo y de todos.

En el nivel 8, un Cinco se obsesiona y se asusta con sus propios pensamientos. Las ideas amenazantes les abruman y se convierten en horribles individuos delirantes que sufren fobias y distorsiones de la realidad. En este punto, muchos desarrollan malos hábitos de alimentación y sueño e incluso descuidan su higiene.

El nivel 9 es el más bajo para el tipo Cinco, y se vuelven muy susceptibles al suicidio. Algunas personas sufren un brote psicótico y otras se vuelven trastornadas, autodestructivas y totalmente desconectadas de sus emociones.

Adicciones:

Para hacer frente a la confusión emocional y psicológica a la que se enfrenta este tipo, especialmente en esos niveles insanos de desarrollo, los Cincos pueden recurrir a las drogas psicotrópicas para estimularse mentalmente y evadirse. Algunos pueden usar narcóticos para lidiar con su ansiedad.

CÓMO RECONOCER SI ERES UN CINCO DEL ENEAGRAMA

Veamos algunos rasgos fáciles de detectar para un Eneagrama tipo Cinco y tome nota de con cuántos se identifica. Ten en cuenta que algunos de estos rasgos serán más pronunciados en los Cuatros sanos, mientras que otros serán más identificables con los Cincos no sanos.

- Los demás suelen decir que tú das la impresión de estar desconectado emocionalmente, ser distante y demasiado analítico. ¿Quizá tu pareja se queja de algunos de estos rasgos?
- No te gustan las charlas triviales, pero disfrutas de las conversaciones profundas en torno a tus temas de interés.
- La privacidad es fundamental para ti y no es negociable. Es una de las razones por las que no te gustan las redes sociales.
- Ser autosuficiente, independiente y tener total autonomía sobre tu vida también es innegociable.
- Eres un minimalista.
- Sientes que el mundo es muy intrusivo y agotador. De ahí que hagas todo lo posible por crear límites firmes para proteger tu energía y tus recursos.
- Te gusta acaparar conocimientos, espacio e incluso tiempo a solas.

- No te gustan las grandes aglomeraciones, ni las grandes reuniones, ni muchos amigos. Tus relaciones son pocas pero muy fuertes.
- La curiosidad es una de las principales cualidades que se reconocen de uno mismo. Hay una sed insaciable de conocimiento y de averiguar cosas.

LUCHAS QUE PUEDE ENFRENTAR UN ENEAGRAMA 5

Quedarse atascado en la cabeza

Hay una afirmación común que puedes haber escuchado varias veces a lo largo de tu vida, especialmente si eres un tipo Cinco. "Sal de tu cabeza". Admitámoslo, los Cinco pasan mucho tiempo perdidos en sus cabezas. Aunque es agradable diseccionar todo y a todos los que te rodean o crear modelos internos del mundo, con el tiempo, esto creará una profunda lucha a medida que la brecha entre tu mundo mental interno y este mundo objetivo externo se amplía. Un Cinco sano aprende a integrar ambos mundos y a pasar una cantidad de tiempo saludable nadando en su océano de pensamientos y construcciones mentales sin descuidar el mundo objetivo.

Inseguridad subyacente

En el libro *"Tipos de personalidad: El Eneagrama como método de autodescubrimiento"*, Don Riso y Russ Hudson, afirman que el tipo Cinco "suele tratar de evitar involucrarse profundamente con los demás porque las personas son imprevisibles y potencialmente exigentes. Los niveles de desarrollo medio e insano son los que más luchan con este pensamiento porque creen que siempre hay una trampa. Se trata de una forma de inseguridad que a menudo se enmascara con un comportamiento distante y despreocupado. Puede que pienses que no te importan los demás, pero la cuestión subyacente es que temes no ser lo suficientemente competente para manejar cualquier desafío imprevisible que surja al relacionarte con los demás. Eso es algo que hay que resolver.

Distracciones

Tanto si eres tú un Cinco sano, medio o insano, apreciarás la mención de las distracciones porque es una lucha universal para todos los Cinco. Todos los que se identifican como un tipo Cinco odian ser interrumpidos u obligados a lidiar con el ruidoso mundo exterior. La tecnología es fantástica para un Cinco sediento de conocimientos. Pero también puede ser una fuente de angustia, sobre todo si tienes familiares y amigos que no paran de darte la lata fuera y dentro de la red. Cuando hay mucho ruido, obligaciones e interacciones demasiado frecuentes, da la sensación de que la gente no respeta tu intimidad ni tu personalidad. En lugar de sufrir en silencio o, lo que es peor, encerrarte en la gente, considera la posibilidad de hablar y hacer saber a los demás que necesitas un tiempo tranquilo y sin interrupciones. Si las aplicaciones tienden a irritarte, crea una estructura que te permita disfrutar de ellas cuando te convenga y cerrarlas cuando necesites paz y tranquilidad. Encuentra formas saludables de proteger tu espacio personal sin aislarte.

Conectar con tus emociones

El pensador que hay en ti lucha por conciliar el valor de las emociones, de ahí que se produzca la ruptura constante entre la razón y el sentimiento. Es fácil desprenderse de los sentimientos, bloquearlos y esperar que desaparezcan. Lo que necesitas es darte cuenta de que tus emociones tienen un propósito más elevado. Son tan importantes para tu crecimiento y realización como tu intelecto. Tus ideas y tu capacidad de ejecución crecerán exponencialmente cuando integres armoniosamente tanto el pensamiento como la emoción.

No tener suficiente tiempo a solas

Es bueno encontrar un equilibrio saludable entre estar solo y conectarse con los demás. Si eres un Cinco, sabes que necesitas más tiempo a solas que la mayoría de la gente. Eso puede crear fricciones en las relaciones, especialmente si tienes que tratar con alguien extrovertido. Forzarte a estar rodeado de gente no es saludable para tu desarrollo. Sin embargo, tampoco lo es separarse demasiado del mundo de las personas.

CONSEJOS DE CRECIMIENTO PARA LOS CINCOS

#1: Deja que el mundo entre

Vale, quizá no a todo el mundo, pero debes saber que está bien salir de tu zona de confort y confiar en la gente. El universo es benévolo. Está bien tener relaciones, confiar en los demás e incluso compartir tus sentimientos. Sé que se necesita práctica, así que empieza poco a poco. Un buen amigo a la vez es todo lo que necesitas para empezar.

#2: Invierte tiempo diariamente para conectar con tu cuerpo y tus emociones

Aunque es encantador pasar la mayor parte del tiempo en la mente, es aún más poderoso crear conscientemente esa conexión mente-cuerpo. Considera la posibilidad de experimentar con diferentes ejercicios y actividades que vinculen tus emociones, tu cuerpo y tu mente. Encuentra algo que te guste: pintar, tocar un instrumento, escribir de forma creativa, escribir un diario, hacer yoga o cualquier otra cosa a la que puedas dedicarte con regularidad.

#3: Practica la generosidad contigo mismo

Cuanto más puedas hacer y darte a ti mismo, más fácil será percibir la abundancia y, a su vez, dar generosamente, ya sea tu conocimiento, tiempo o recursos. Haz un poco de espacio para la abundancia en tu vida, de modo que puedas eliminar esa aterradora sensación de escasez que a menudo hace que los Cincos acumulen cosas.

#4: Crea una estructura de apoyo que promueva tu bienestar

Personas que te construyan y te desafíen a ser un mejor ser humano. Teniendo en cuenta lo obsesivo e intenso que puedes ser con algo que te importa, te animo a que tengas una estructura de apoyo. Elige a una o dos personas con las que puedas compartir absolutamente todo. Puede tratarse de una sola persona que tenga acceso a tus pensamientos y emociones más perturbadoras para que te ayude a mantener los pies en la tierra. Supongamos que pierdes el control de la realidad o te dejas llevar demasiado por una idea. En ese caso, estarán ahí para devolverte a una perspectiva saludable para que no te pierdas en la búsqueda del conocimiento. Puede que pienses que es innecesario, pero te hace mucho bien emocionalmente tanto a ti como a la persona que te quiere saber que os cubrís las espaldas mutuamente.

#5: Aumenta tu autoconciencia

Las prácticas diarias de autoconciencia te permitirán ir por la vida con la mente puesta en ello y ser más consciente de cómo te muestras y de cuándo estás empezando a caer en una espiral de desarrollo. Sé consciente de cuándo empiezas a encerrarte en ti mismo o cuándo te cierras a alguien. Entonces podrás actuar conscientemente para avanzar en una dirección más constructiva.

TIPO 6: EL LEAL/ESCÉPTICO

Visión general del tipo Seis:

A los Seis se les suele llamar leales porque están muy comprometidos con sus relaciones y valores. Los Seis son considerados los más leales, fieles y fiables de todos los tipos del Eneagrama. También se les conoce como escépticos porque suelen estar alerta y tratan de pensar varios pasos por delante para sentirse preparados para manejar los peores escenarios. Los Seises suelen ser increíbles en la resolución de problemas, pero en los niveles más bajos de desarrollo hay Seises que se paralizan por esta tendencia natural a anticiparse a que las cosas vayan mal. De hecho, en los niveles medios e insalubres, un tipo Seis suele estar abrumado por su constante preocupación por el futuro y por qué las cosas vayan mal.

En general, los Seis son muy trabajadores, competentes y se toman su tiempo para hacer las cosas bien. Aunque son los más leales, se necesita tiempo para desarrollar esa confianza. Pero una vez que un Seis confía en ti o se compromete con algo, lo cumple. También respetan las normas y la autoridad, siempre que confíen en esa fuente de autoridad y en su intención. A diferencia del tipo Cinco, que también son pensadores, a los Seis les gusta la colaboración y el trabajo en equipo. En el trabajo, prosperan en entornos de equipo sanos y no temen adoptar una postura en nombre del bien común del equipo a pesar de las preocupaciones y los riesgos. Son excelentes para cumplir los compromisos con las personas y los planes, y tienden a abordar los problemas tanto con lógica como con emoción. Para un tipo Seis, estar preparado, seguro y protegido es una prioridad absoluta.

Los diferentes tipos de Seis verán el mundo en función de su nivel de desarrollo, pero como regla general, los Seis normales y sanos son solidarios, generosos y trabajadores en equipo que disfrutan motivando a sus colegas y amigos. Se sienten muy orgullosos de servir a su organización, desarrollan un estilo de apego seguro y confían en los demás con facilidad.

Por otro lado, los Seises no saludables son muy paranoicos, desconfían de todo y se paralizan a la hora de actuar porque la ilusión del peligro constante es demasiado abrumadora. Desgraciadamente, a los Seises insanos les gusta proyectar sus inseguridades en los demás, lo que puede causar muchas fricciones en las relaciones.

Dentro de la tríada de los Centros de Inteligencia, los Seis se sitúan en el centro de la "cabeza" junto a los Cincos y los Sietes. Dentro de esta tríada, los tipos Seis son los que más luchan con su miedo no resuelto, y siguen oscilando entre la confianza y la desconfianza en las personas que les rodean y en el mundo. El miedo y la ansiedad de un Seis pueden manifestarse de diversas maneras, lo que hace que este tipo sea el más difícil de describir y tipificar. También hace que un Seis sea más susceptible de malinterpretar su verdadera personalidad. Muchos asumen que son un tipo Dos o un Nueve.

Algunas de las cualidades descriptivas que puedes reconocer en el tipo Seis son la responsabilidad, el compromiso, la persistencia, la lealtad, la fiabilidad, el valor, la atención a las personas y la estrategia en su pensamiento.

En su mejor momento, los Seis son internamente estables, autosuficientes, dignos de confianza y grandes jugadores de equipo.

Deseo principal: los Seis buscan seguridad y apoyo.

Temor central: Perder su terreno, no estar preparado y ser incapaz de defenderse de los peligros de este mundo.

¿Qué motiva a un tipo Seis? Los Seis se mueven por la necesidad de crear una sensación de seguridad a su alrededor.

Alas:

El Tipo Seis tiene el Ala Cinco, que es "El Defensor", y el Ala Siete, que es "El Compañero".

Las flechas y sus significados:

El tipo Seis tiene dos flechas de conexión, la 3 y la 9. Cuando se mueven en la dirección de la desintegración y el estrés (tres), los Seis obedientes son arrogantes y competitivos como los Nueve insanos. Sin embargo, la flecha que apunta al crecimiento y la integración (nueve) muestra a un Seis temeroso y pesimista que se transforma en un individuo más relajado y optimista como un Nueve sano.

Ejemplos de personas famosas:

Algunas personas conocidas que comparten el tipo Seis del Eneagrama son Mike Tyson, Diana Princesa de Gales, Marylin Monroe, Mel Gibson, Jennifer Aniston, Sarah Jessica Parker, Mark Twain, Woody Allen y Eminem.

Niveles de desarrollo del Tipo Seis:

Hay diferentes expresiones del tipo Seis que tendrás que aprender. En varias etapas de desarrollo, un tipo Seis exhibirá ciertos comportamientos y actitudes dependiendo de cuán desconectados estén de su Yo superior. Veamos cada nivel.

Niveles saludables

El nivel 1 es un tipo Seis en su mejor momento. Aquí el individuo es tranquilo, confía en sí mismo y en los demás, es valiente, optimista en su pensamiento y es un gran líder. Su capacidad para afirmarse a sí mismo y para guiar a los demás hacia su grandeza le hace extremadamente valioso en el mundo. Este tipo Seis ha encontrado su seguridad y protección y no busca fuentes externas que se las proporcionen. Encuentra un equilibrio entre la independencia y la interdependencia en relación con los demás.

El nivel 2 es un tipo Seis adorable, afectuoso y capaz de formar alianzas permanentes y relaciones sanas con los demás. La confianza es esencial y pueden establecer rápidamente vínculos con los demás.

El nivel 3 es un tipo Seis muy dedicado a las personas y a las cosas en las que cree. Este individuo suele ser un gran constructor de comunidades. Son dignos de confianza, trabajadores y excelentes en la resolución de problemas. Aportan ese espíritu de cooperación que une a las personas, ya sea en línea o fuera de ella.

Niveles medios

El nivel 4 es un tipo Seis que aún no está asentado en su propia estabilidad y seguridad. Eso significa que dedican la mayor parte de su energía y tiempo a intentar crear estructuras y alianzas que les den esa sensación de continuidad y seguridad. Este individuo está siempre en alerta y anticipando problemas.

El nivel 5 es un tipo Seis que lucha contra la ansiedad y la confusión interna. Cambian continuamente de sentimientos de confianza a desconfianza, seguridad y peligro. Este individuo se vuelve evasivo, indeciso, demasiado cauto y ambivalente. También puede volverse un poco pasivo-agresivo en sus relaciones.

En el nivel 6, los Seis se vuelven cada vez más inseguros. Se vuelven sarcásticos y culpan a los demás de sus problemas. En este punto, su visión de túnel les hace ser muy blancos y negros, creando divisiones y etiquetando a las personas como amigos o enemigos. A este tipo Seis le encanta ser autoritario, pero es muy desconfiado e incluso temeroso de la autoridad. Encuentran consuelo en infundir miedo a los demás como mecanismo de afrontamiento para silenciar sus propios miedos.

Niveles no saludables

En el nivel 7, el tipo Seis cae en una espiral hacia su lado oscuro. El miedo es muy pronunciado en esta persona, y se vuelve asustadiza, volátil y difícil de rodear. Se sienten indefensos y buscan desesperadamente una autoridad externa más fuerte o algo que les ayude a resolver sus problemas.

En el nivel 8, los Seis suelen sentir que los demás van a por ellos. Algunos pueden incluso volverse un poco violentos al arremeter y actuar de forma irracional. Irónicamente, sus acciones hacen que produzcan la misma cosa que temen.

El nivel 9 es el más insano para un tipo Seis. En este punto, se trata de una persona autodestructiva, histérica e incluso suicida. La mayor parte de su comportamiento es pasivo-agresivo, y son propensos a autosabotear incluso el poco bien que hacen.

Adicciones:

Para hacer frente a la confusión emocional y psicológica a la que se enfrenta este tipo, especialmente en esos niveles insanos de desarrollo, los Seises pueden recurrir al alcoholismo, al abuso de drogas o incluso a trabajar en exceso, todo ello en un intento de eliminar los peligros que perciben y fortificar su seguridad.

CÓMO RECONOCER SI ERES UN SEIS DEL ENEAGRAMA

Veamos algunos rasgos fáciles de detectar para un Seis del Eneagrama y tomemos nota de con cuántos te identificas. Ten en cuenta que algunos de estos rasgos serán más pronunciados en los Seis sanos mientras que otros serán más identificables con los Seis no sanos.

- Eres increíblemente leal a las personas que te importan.
- La estabilidad, la seguridad, la consistencia y la previsibilidad son realmente importantes para ti.
- En algunos aspectos, eres súper confiado, pero a veces también eres súper inseguro.
- Te gusta ser directo en tu comunicación y prefieres que la gente sea directa contigo.
- Te interesa más apoyar al grupo que ser la estrella o que los focos se centren en ti.
- Valoras la lealtad y la confianza en las relaciones.
- El deseo de hacer siempre las cosas de la "manera correcta" te provoca mucha ansiedad.
- Temes que te abandonen o que te dejen solo las personas en las que confías.
- Cuando crees en algo, te aferras a ello y rara vez cambias de opinión pase lo que pase.

LUCHAS QUE UN ENEAGRAMA SEIS PUEDE ENFRENTAR

Pesimismo y desconfianza

Plantear los peores escenarios es un gran obstáculo para todos los Seises. Aunque es bueno considerar todos los ángulos, permitir que tu cerebro caiga en la madriguera del pesimismo y la ansiedad sólo perjudicará tu trabajo y tu salud. Considera la posibilidad de traer el momento presente cada vez que te encuentres cayendo en el escepticismo.

Pensar en círculos

La mayoría de los Seis poco saludables y medios se encuentran pensando en círculos, sin llegar a ninguna parte. Es fácil quedarse atrapado en un bucle que genera ansiedad y miedo. Por eso tienes que descubrirte lo antes posible cuando tu pensamiento empiece a caer en espiral y detener ese impulso. En lugar de darle demasiadas vueltas a las cosas, haz una pausa y pregúntate: "¿Y si ocurre lo peor?". Una vez que te respondas a eso, sigue con "¿y luego qué?". Una vez que respondas a eso, sigue inclinándote en esa dirección hasta que te encuentres identificando los recursos que tienes para manejar cualquier cosa que tu cerebro te diga que va a salir mal. A veces, lo único que tienes que hacer es demostrarle a tu cerebro que anticiparse a las "cosas malas" no es muy productivo y que, por muy mal que piense tu cerebro, siempre hay una solución para cada problema. Demuéstrate a ti mismo que tu pensamiento puede ser lo suficientemente brillante como para crear ideas constructivas, no sólo las que generan ansiedad.

Fobias o comportamientos contrafóbicos

Algunos Seis evitan enfrentarse a sus miedos y se vuelven fóbicos a todo como mecanismo de defensa. Otros llegan al extremo polar y se muestran duros por fuera, poniéndose a menudo en situaciones de riesgo para demostrar que no tienen miedo. Esto se utiliza como una forma de enmascarar su incertidumbre interna. En cualquier caso, ninguna de estas expresiones es saludable, así que lo mejor es abordarlas y resolverlas de forma sana.

CONSEJOS PARA EL CRECIMIENTO DE LOS SEISES

#1: Asume riesgos seguros y prueba cosas nuevas a menudo

La constancia y la previsibilidad son estupendas, pero te harán demasiado rígido. Tienes que ser flexible y adaptable, así que haz algo que te saque regularmente de tu zona de confort. Empieza con cosas pequeñas, como pedir un sándwich diferente en tu cafetería favorita o cambiar tu rutina de ejercicios. Cuanto más te demuestres a ti mismo que algunos riesgos son razonables, más fácil será aceptar el cambio, y puede que te des cuenta de que el mundo no es tan malo como te imaginas.

#2: Cultivar la confianza en uno mismo

Esta es una de las cosas más importantes que puedes hacer para desarrollar y mejorar tu vida. ¿Cómo se puedes aumentar la confianza en ti mismo? Comienza con pequeños y constantes pasos diarios que aumenten tu autoestima. Considera la posibilidad de escuchar un podcast o leer un libro a diario que alimente tu mente con pensamientos nutritivos sobre quién eres y de qué eres capaz. También deberías fijarte objetivos grandes y pequeños hacia los que avanzar. A medida que vayas cumpliendo cada uno de ellos (especialmente los mini-objetivos), recuérdate que eres tú quien lo está haciendo y date permiso para sentirte bien por ello. Encuentra tu Verdad, y tendrás una base sólida para construirte a ti mismo.

#3: Crea prácticas y hábitos diarios que te ayuden a liberar la ansiedad

En lugar de pasar mucho tiempo con la cabeza, reenfoca esa energía en cosas constructivas que te permitan permanecer en el momento presente y liberar el estrés y la tensión. Si no estás seguro de qué actividades pueden ayudarte con la conciencia del momento presente, consulta la última sección. He compartido varias técnicas para ayudarte a convertirte en una versión más saludable de ti mismo.

#4: Trabaja en tu medidor de confianza

La confianza es un tema importante para ti como Seis, y eso significa que necesitas darla generosamente si deseas tenerla. Esa tendencia a ser escéptico con todo y con todos puede servirte algunas veces. Aun así, debes tenerla bien controlada porque, en su mayor parte, es más fácil construir relaciones sanas y duraderas cuando no eres pesimista y escéptico. No tengas miedo de dar tu confianza a alguien si te parece bien, y confía en tu criterio. Seguro que te encontrarás con algunos errores aquí y allá. El truco está en sintonizar más con tu guía interior y creer que puedes elegir a las personas adecuadas para que te rodeen.

SISTEMA DE TIPIFICACIÓN DE LA PERSONALIDAD DEL ENEAGRAMA PARTE 3

TIPO 7: EL ENTUSIASTA

Visión general del tipo Siete:

Los Siete son entusiastas buscadores de placer porque aman la aventura y poseen una energía ilimitada. Siempre están persiguiendo la próxima gran cosa que creará sentimientos de placer y felicidad en sus vidas. Los sietes suelen ser prácticos con múltiples talentos y habilidades de alto nivel. Son pensadores rápidos, creativos y capaces de hacer varias cosas a la vez. Su energía positiva les hace muy atractivos, por lo que la gente disfruta mucho a su alrededor. El tema central de los Siete optimistas es planificar, preparar y buscar la siguiente novedad, porque generalmente están convencidos de que algo mejor está a la vuelta de la esquina. Y aunque su energía y personalidad son estupendas para establecer contactos, promocionarse y promover sus intereses en el trabajo, esta inquietud constante puede crear muchas fricciones. A los Siete no les resulta fácil concentrarse y les gusta mantener todas las opciones abiertas, por lo que les cuesta mucho comprometerse. Les gusta tener libertad creativa y disponer de opciones y horarios flexibles en el trabajo. Les encanta estar rodeados de gente, pero no puede ser bajo reglas y estructuras rígidas, ya que eso mataría la espontaneidad y la libertad que los Siete disfrutan más en las interacciones. Los Sietes prosperan en entornos que utilizan su pensamiento creativo y su imaginación. Serán ellos los que exploren y ofrezcan nuevas posibilidades e ideas de futuro. La mayoría de los Sietes son extrovertidos y disfrutan experimentando el mundo principalmente a través de sus sentidos físicos.

Los diferentes tipos de Sietes verán el mundo en función de su nivel de desarrollo. Sin embargo, como regla general, los Sietes sanos son más serenos, centrados y capaces de concentrar su energía sabiamente, produciendo resultados que les benefician a ellos mismos y a los demás. Poseen una energía positiva contagiosa que atrae de forma natural todas las oportunidades y personas adecuadas. Pueden encontrar fácilmente ese equilibrio perfecto entre trabajo y vida privada que les permite disfrutar de lo mejor de ambos. Los sietes poco saludables son ilógicos, irritables, grandes procrastinadores e improductivos. Les cuesta asumir responsabilidades y rendir cuentas y nunca pueden terminar lo que empiezan. Siempre saltando de una cosa a otra o de una relación a otra, los Sietes insanos no tienen los pies en la tierra ni controlan su necesidad compulsiva de placer. Esto los hace bastante malhumorados e inestables emocionalmente.

Dentro de la tríada de los Centros de Inteligencia, los Sietes se sitúan en el centro de la "cabeza" junto a los Cincos y los Seises. Al ser el miedo su emoción subyacente no resuelta, los Sietes reaccionan de forma diferente a esta desconexión. Eligen hacer todo lo posible para encontrar y mantener el placer a través de sus sentidos como forma de bloquear los estados negativos y el miedo con los que no desean lidiar. Buscan distracciones en entornos externos para asegurarse una estimulación constante, por lo que son más propensos que la mayoría de los tipos a caer en todo tipo de adicciones.

Su miedo y su evitación del dolor también se proyectan en los demás. Notarás que un Siete no querrá enfrentarse a las emociones oscuras de nadie, ni siquiera a las suyas propias. Prefieren minimizar o negar el dolor antes que reconocerlo. Por supuesto, el grado en que un Siete manifiesta esta negación y evasión depende totalmente de su nivel de desarrollo.

Algunas cualidades descriptivas que puedes reconocer en los Siete son la curiosidad, el optimismo, la espontaneidad, la versatilidad, el espíritu de aventura, la adaptabilidad, la agilidad y la apertura mental.

En su mejor momento, los Sietes están centrados y trabajan en objetivos que merecen la pena. Han aprendido a ser agradecidos, alegres y satisfechos consigo mismos y con la vida en general.

Deseo básico: El deseo más básico del tipo Siete es sentirse feliz, satisfecho y comprometido. Quieren empaparse de todo lo bueno que ofrece la vida y desean vivir toda su vida en ese placer.

Miedo básico: El miedo más básico de un Siete es que el miedo inherente y las emociones negativas no resueltas en su interior se apoderen de él y le causen un dolor ineludible. También temen verse privados de libertad y emoción en la vida, por lo que odian las reglas rígidas y los plazos estrictos.

¿Qué motiva a un tipo Siete? Su mayor motivación es evitar el dolor, el malestar y la negatividad a toda costa.

Alas:

El Tipo Siete tiene el Ala Seis, que es "El Entretenedor", y el Ala Ocho, que es "El Realista".

Las flechas y sus significados:

El tipo Siete tiene dos flechas de conexión, la 1 y la 5. Cuando se mueve en la dirección de la desintegración y el estrés (uno), los Siete dispersos se vuelven críticos y perfeccionistas como los Siete insanos. Sin embargo, la flecha que apunta al crecimiento y la integración (cinco) muestra a un Siete disperso transformándose en un individuo más centrado como un Cinco sano.

Ejemplos de personas famosas:

Algunas personas famosas que comparten el Siete del eneagrama son Amelia Earhart, Ram Dass, John F. Kennedy, Richard Branson, Katy Perry, Elton John, el 14º Dalai Lama, Bette Midler, George Clooney, Brad Pitt, Robin Williams, Jim Carrey, Robert Downey, Jr. y Leonardo DiCaprio.

Niveles de desarrollo del Tipo Siete:

Hay diferentes expresiones del tipo Sietes que tendrás que aprender. En varias etapas de desarrollo, un tipo Sietes exhibirá ciertos comportamientos y actitudes dependiendo de cuán desconectados están de su Yo superior. Veamos cada nivel.

Niveles saludables

El nivel 1 es un tipo Siete en su mejor momento. Este individuo vive asombrado y maravillado por la bondad que ofrece la vida. Asimilan las experiencias en profundidad y experimentan un profundo aprecio y gratitud por donde están y por lo que tienen. Han accedido al gozoso éxtasis de encontrar esa alineación espiritual tan necesaria que les proporciona el placer que buscaban externamente.

El nivel 2 es cuando un Siete es más extrovertido. Son alegres, resistentes, espontáneos, curiosos, excitables y quieren experimentar la vida al máximo. A este individuo todo le resulta estimulante.

En el nivel 3, un Siete es más generalista y sigue estando muy involucrado en sus intereses multifacéticos, pero de una manera enfocada, lo que lo hace muy productivo. Este individuo logra más que la mayoría y suele ser excelente en todo lo que pone su atención.

Niveles medios

En el nivel 4 es cuando un Siete empieza a ser inquieto. Quieren tener más opciones y elecciones relacionadas directamente con su sentido de la libertad. Su sentido de la aventura y la búsqueda del placer es más mundano, ya que buscan experiencias externas y cosas nuevas. Este Siete es un gran consumidor de las últimas tendencias.

En el nivel 5, el Siete se vuelve hiperactivo e incapaz de controlar su necesidad compulsiva de estimulación. Se ven desbordados y distraídos haciendo cualquier cosa que se les ocurra. En este punto, el miedo a aburrirse y a perderse algo comienza a ponerse en marcha. Siguen siendo optimistas, ingeniosos, chistosos y les encantan las cosas que les divierten. Las ideas creativas siguen fluyendo y, como siguen intentando perseguir todos sus intereses, pero sin un enfoque claro, no consiguen mucho. Puede que empiecen algo o desarrollen una gran idea, pero no habrá ningún seguimiento.

El nivel 6 es cuando un Siete se vuelve excesivo en su consumo. No pueden decirse "no" a sí mismos. Esto hace que se vuelvan egocéntricos, demasiado materialistas e incluso codiciosos, ya que buscan tener más y más. Nada es suficiente para ellos. En términos de comportamiento, este Siete se vuelve prepotente, hastiado y realmente exigente.

Niveles poco saludables

En el nivel 7 vemos una espiral descendente hacia el lado oscuro de un Siete. En este punto, la persona está desesperada por calmar su creciente ansiedad y su comportamiento excesivo. Desgraciadamente, no saben cómo crear disciplina porque nunca han creado ninguna estructura ni hábitos saludables, así que caen en adicciones y comportamientos abusivos. En un intento de escapar de los estados mentales negativos, caen más profundamente en el oscuro pozo de la adicción.

En el nivel 8 es donde un tipo Siete intenta huir de su propio y horrible yo. Su optimismo se ha desvanecido, y ahora todo lo que queda es una ansiedad interminable y cambios de humor erráticos.

El nivel 9 es el nivel más bajo de desarrollo y definitivamente el más bajo para el entusiasta. En este punto, los Siete han agotado toda su energía y a menudo renuncian a la vida y a sí mismos. Caen rápidamente en la depresión y la desesperación. Algunos desarrollan un comportamiento peligroso y autodestructivo y son propensos a sufrir sobredosis o intentos de suicidio.

Adicciones:

Para hacer frente a la confusión emocional y psicológica a la que se enfrenta este tipo, especialmente en esos niveles de desarrollo poco saludables, los Sietes pueden recurrir a todo tipo de estimulantes que van desde la cafeína hasta cosas más peligrosas como la cocaína. Son más propensos a consumir pastillas de éxtasis, psicotrópicos, narcóticos y alcohol. Los que se interesan por el aspecto físico también pueden recurrir a la cirugía estética en exceso.

CÓMO RECONOCER SI ERES UN SIETE DEL ENEAGRAMA

Veamos algunos rasgos fáciles de detectar para un Siete del Eneagrama y anota con cuántos te identificas. Ten en cuenta que algunos de estos rasgos serán más pronunciados en los Siete sanos. Por el contrario, otros serán más identificables con los Sietes no saludables.

- Estás apasionadamente obsesionado con el futuro y todas sus posibilidades. De hecho, prefieres centrarte en el futuro y encuentras el presente bastante aburrido.
- Te gusta tener muchas opciones en casi todo. Eso incluye tu vida social y profesional.
- El FOMO es real, y no puedes soportarlo.
- No hay gente que diga "encuentra lo que te gusta" porque te gustan muchas cosas y eres bastante polifacético.
- "Zen" es la última palabra que usarías para describirte.
- Tienes un entusiasmo y una curiosidad infantiles a pesar de tu edad.
- La gente te encuentra magnética y dice que tu energía positiva es contagiosa.
- Te gusta mucho planificar. De hecho, puedes trazar fácilmente un mapa de los próximos quince años... pero dentro de dos semanas, probablemente tendrás otro nuevo plan detallado.

LUCHAS QUE PUEDE TENER UN ENEAGRAMA SIETE

Falta de concentración

Ser capaz de enfocar y concentrarse es una habilidad que todos los sietes necesitarán dominar si quieren ser productivos y tener éxito. Es más difícil para los sietes promedio y no saludables concentrarse y enfocarse en una sola cosa el tiempo suficiente para llevarla a cabo. Si esa niebla mental y esa sensación de "descontrol" te afectan, trabaja en la creación de rutinas saludables que te permitan desarrollar más autodisciplina y concentración.

Sentirse constreñido y atrapado por la rutina y los horarios

Dado que la libertad es uno de tus valores fundamentales, es fácil que sientas que los compromisos, los horarios y las expectativas de los demás te enjaulan. Es posible que desees relaciones leales y duraderas, como el matrimonio o los contratos de trabajo a largo plazo. Sin embargo, al mismo tiempo, estas cosas te producen una sensación de ansiedad e inquietud. La clave aquí es replantear algunos de estos compromisos críticos en tu vida y llegar a la plena comprensión de que la libertad y las responsabilidades no son mutuamente excluyentes.

Un maestro de todos los oficios y un maestro de ninguno

A la mayoría de los sietes medios y poco sanos les costará quedarse con algo el tiempo suficiente para conseguir la maestría. Eso puede ser en sus intereses profesionales y personales. Su curiosidad en estos niveles inferiores de desarrollo les hace rebotar de una cosa a otra. Pueden adquirir fácilmente nuevas habilidades y destrezas, pero las abandonan rápidamente por la siguiente cosa nueva. Si éste ha sido uno de tus problemas, la solución es desarrollarte a ti mismo para llegar al punto en el que puedas dedicarte a lo que te gusta el tiempo suficiente para adquirir una verdadera experiencia.

El dolor y las emociones negativas son tus enemigos

Como Siete de tipo clásico, reconocer y procesar cualquier cosa que amenace esa vibración optimista va a ser obviamente difícil. Y eso está bien. Los Siete son conocidos por racionalizar y justificar todo lo que amenaza su felicidad porque no quieren enfrentarse a esas emociones incómodas. Si te das cuenta de que esto es cierto en tu caso, empieza a pillarte en esos momentos en los que las cosas van mal y tratas de "pasarlas por alto" o "guardarlas" para más adelante. En lugar de eso, sal de tu cabeza y entra en tu cuerpo. Toma conciencia de esas emociones y dedícate a explorarlas. Permítete experimentar tanto el placer como el dolor, porque eso te permitirá ser más completo y resistente.

CONSEJOS DE CRECIMIENTO PARA LOS TIPO SIETES

#1: Aprende a ver el valor de todas tus emociones, incluyendo las oscuras

Sé que esto es difícil si eres un Siete porque evitas toda la negatividad y el dolor, incluso el de los demás. Te animo a que mantengas la mente abierta y te eduques un poco más sobre el propósito que tienen estas emociones. Será difícil sentirse completo si vas por la vida negando ciertos aspectos de ti mismo. Y si bien morar en el dolor y la negatividad no es saludable, reconocerlo cuando sucede es lo ideal.

#2: Permítete profundizar y procesar todas tus emociones

Date permiso para sentir todas tus emociones, no sólo las agradables. La próxima vez que te sobrevenga una emoción negativa, no huyas. Siéntate con ella y tómate tiempo para procesarla. Pregúntate: "¿Qué estoy sintiendo y en qué parte de tu cuerpo lo sientes?". Si puedes identificar exactamente qué es esa emoción negativa, eso te permitirá etiquetar y domar esa emoción. Bien hecho, y con mucha práctica, esto puede ser un proceso liberador.

#3: Integrar un poco más de disciplina en tu vida

Puede que asocies los horarios y la estructura con el aburrimiento y la constricción. Sin embargo, un poco más de disciplina y auto-control mejorará tu vida y ayudará a tu desarrollo. Cuanta más disciplina aportes a tu trabajo y a tu vida, más concentración tendrás y mayor será la recompensa cuando por fin empieces a ver los resultados de tu duro trabajo.

#4: Baja el ritmo y estate más presente

Sé que es divertido estar centrado en el futuro y en las posibili-dades ilimitadas, pero recuerda que tu poder reside en el momento presente. Es esencial que inviertas más tiempo en cultivar tu poder en el aquí y ahora. Esa es la verdadera clave para seguir creciendo y progresando. Consulta el último capítulo sobre las prácticas que pueden permitirte estar poderosamente presente, independientemente de tu nivel de desarrollo actual.

TIPO 8: EL RETADOR/PROTECTOR

Visión general del tipo Ocho:

Los Ochos son conocidos como desafiantes porque se rebelan contra el statu quo y no tienen ningún problema en desafiar algo que no se alinea con sus valores o se aprovecha de los demás.

Los Ochos son poderosos y de fuerte voluntad, con un carisma natural y una capacidad de persuasión que hace que los demás les sigan en todo tipo de empeños. Se sabe que disfrutan asumiendo nuevos retos, creando iniciativas que impulsan el cambio y estando al mando de todo lo que les rodea. A veces también se les llama protectores porque, en la medida en que les gusta desafiar a los demás para que salgan de su zona de confort, también son muy protectores de las personas a su cargo. Aunque los Ochos pueden parecer intimidantes, agresivos y a veces discutidores, sus intenciones suelen ser las correctas porque nada es más importante para ellos que defender lo que creen y proteger a los que están a su cargo. Todos los Ocho tienden a ser bastante dominantes, incluso los sanos. La diferencia es que con un Ocho sano, esa tendencia se mantiene bajo control.

La mayoría de los Ocho son muy trabajadores, competentes, pragmáticos y orientados a los objetivos. Suelen ser pioneros en nuestra sociedad y se enorgullecen de su independencia y agudeza mental. Su percepción es que el mundo se compone de personas "fuertes" y "débiles"; ellos, al estar en la categoría "fuerte", tienen la responsabilidad de proteger a los débiles. Una de las grandes pasiones de un Ocho es hacer justicia, acabar con la opresión y proteger a los vulnerables.

En el trabajo, los Ocho son mejores cuando tienen algún tipo de papel de liderazgo. La mayoría de la gente se refiere a ellos como "mandones" porque son asertivos, autoritarios y pueden enfadarse bastante cuando las cosas no salen como ellos quieren. Pueden ser bastante impacientes con las normas y reglamentos y les cuesta seguir las instrucciones de otras personas. Sin embargo, aportan gran energía y entusiasmo al equipo. Mientras las cosas se hagan a su manera, todos disfrutan trabajando con ellos.

Los distintos tipos de Ochos verán el mundo en función de su nivel de desarrollo. Sin embargo, como regla general, los Ochos sanos son valientes, carismáticos, generosos, protectores poderosos, ingeniosos y comprometidos con su equipo o misión. También son intensamente cariñosos y protectores de sus amigos y familiares cercanos. Los Ochos enfermizos, por el contrario, son tiranos. Están ávidos de poder y destruirán todo lo que se interponga en su camino. La ira es un gran problema para este tipo, y no temen dar rienda suelta a la misma, especialmente cuando no consiguen lo que quieren. En los niveles más bajos de desarrollo, los Ochos pueden volverse bastante vengativos y emocionalmente insensibles.

Dentro de la tríada de los Centros de Inteligencia, el tipo Ocho se sitúa en el centro "Tripa" junto con los tipos Nueve y Uno. La emoción central no resuelta de esta tríada es la ira, y el Ocho no teme mostrarla. A diferencia de los Nueve y los Uno, que intentan reprimir o ignorar su ira, los Ochos no temen la confrontación, amenazan y hacen berrinches en cualquier momento.

Algunas de las cualidades descriptivas que puede reconocer en el tipo Ocho son: valiente, entusiasta, enérgico, carismático, decidido, confiado, feroz, independiente, autosuficiente, asertivo y protector.

En su mejor momento, los Ochos son inspiradores, generosos y capaces de lograr grandes cosas. Su autodominio y su compromiso con la justicia y la creación de una buena vida para sí mismos y para los demás les fortalece y les impulsa hacia el éxito. Son líderes natos y a la gente le encanta seguirlos.

Deseo principal: Los Ochos desean tener una buena vida y controlar su propio destino. Quieren ser el héroe de su mundo.

Miedo al núcleo: Los Ochos temen ser controlados o perjudicados por otros.

¿Qué motiva a un tipo Ocho? Su mayor motivación es la necesidad de tener el control, ser poderoso e invulnerable a las fuerzas externas. Quieren tener suficiente poder, energía y recursos para protegerse a sí mismos y a los demás (especialmente a los desvalidos). Los Ochos también se ven impulsados por la necesidad de impactar y defender algo significativo.

Alas:

El Tipo Ocho tiene el Ala Siete, que es "El Maverick", y el Ala Nueve que es "El Oso".

Las flechas y sus significados:

El tipo Ocho tiene dos flechas de conexión, la 2 y la 5. Cuando se mueve en la dirección de la desintegración y el estrés (cinco), los Ochos seguros de sí mismos se vuelven repentinamente evasivos y temerosos como los Cines insanos. Sin embargo, la flecha que apunta hacia el crecimiento y la integración (dos) muestra a un Ocho lujurioso y controlador que se transforma en un individuo más afectuoso y cálido como un Dos sano.

Ejemplos de personas famosas:

Algunas personas famosas que comparten el Siete del eneagrama son Winston Churchill, Martin Luther King, Jr., Saddam Hussein, Aretha Franklin, Pablo Picasso, Frank Sinatra, Mae West, Barbara Walters, Clint Eastwood, Jack Nicholson, Serena Williams, Donald Trump, Alec Baldwin, Franklin D. Roosevelt y Ernest Hemingway.

Niveles de desarrollo del Tipo Ocho:

Hay diferentes expresiones del tipo Ocho que tendrás que aprender. En varias etapas de desarrollo, un tipo Ocho exhibirá ciertos comportamientos y actitudes dependiendo de cuán desconectados estén de su Yo superior. Veamos cada nivel.

Niveles saludables

El nivel 1 es un tipo Ocho en su mejor momento. Aquí el individuo posee excelentes niveles de autocontrol y se siente muy conectado con su yo superior. Este Ocho ha cultivado y desarrollado su lado bondadoso, y tiene un profundo sentido de gratitud y alegría. Son magnánimos, misericordiosos, valientes y generosos. Están dispuestos a ponerse en grave peligro para lograr su visión y tener una influencia duradera.

En el nivel 2, el tipo Ocho es fuerte, poderoso, seguro de sí mismo y asertivo. Tienen un fuerte impulso interior para lograr sus objetivos y satisfacer sus necesidades y deseos. Saben defender lo que imaginan y tienen una actitud inmejorable de "sí se puede". Y todo esto lo hacen desde un lugar de estabilidad emocional y autocontrol.

En el nivel 3, un Ocho es bastante decisivo, autoritario y dominante, y siempre quiere ser la persona a la que los demás admiran. Este individuo toma la iniciativa y sabe cómo hacer que las cosas sucedan. Se le considera un campeón del pueblo, un proveedor y un protector. Se comporta con honor e integridad y disfruta defendiendo a los demás.

Niveles medios

En el nivel 4 es donde el Ocho comienza a negar sus propias necesidades emocionales. Todavía no ha alcanzado el autodominio, especialmente de sus emociones. Sin embargo, son muy trabajadores, ingeniosos y autosuficientes. En este punto, el Ocho está más preocupado por la independencia financiera y por tener suficientes recursos para vivir la vida en sus propios términos. Este individuo suele ser bastante rudo, emprendedor y pragmático.

En el nivel 5 es donde vemos que los aspectos opresivos de un Ocho toman el control. Este individuo quiere controlar su entorno y a las personas que le rodean. Puede haber un poco de jactancia, orgullo y egoísmo en su comportamiento, ya que intenta imponer su voluntad y visión a los demás. En este punto, el Ocho ya no ve esa igualdad, y la desconexión interna y el conflicto emocional son más significativos, por lo que tendrán dificultades para respetar a los demás.

El nivel 6 es el nivel de desarrollo en el que un Ocho es agresivo, intimidante y conflictivo. Este individuo tendrá muchos adversarios. No tendrán miedo de lanzar amenazas y represalias para conseguir la obediencia de los demás. Incluso puede llegar a infundir inseguridad y miedo a los demás para domarlos, lo que genera mucho resentimiento y hostilidad. La competencia es el nombre del juego, y creen que todo es un campo de batalla y que las emociones son para los débiles.

Niveles poco saludables

En el nivel 7, el tipo Ocho cae en una espiral hacia el lado oscuro de su personalidad. Este Ocho es duro de corazón, inmoral y, en algunos casos, bastante violento. En un intento de controlar todo y a todos, suelen convertirse en despiadados dictadores por derecho propio.

El nivel 8 es cuando el Ocho se vuelve demasiado imprudente y se excede. En un intento de alimentar su adicción al poder, llevan a cabo acciones que asustan e incluso dañan a los que les rodean. Pueden desarrollar ideas delirantes sobre su poder, sintiéndose omnipotentes e imparables, lo que a menudo les lleva a cometer graves errores.

El nivel 9 es el más bajo para un tipo Ocho. Este Ocho tiene el rango emocional de una cucharilla, lo que lo convierte en un antagonista frío como una piedra y altamente antisocial. En este punto, el individuo es vengativo, casi bárbaro en sus pensamientos y acciones, y destruirá todo lo que no se ajuste a su voluntad.

Adicciones:

Para hacer frente a la confusión emocional y psicológica a la que se enfrenta este tipo, especialmente en esos niveles insanos de desarrollo, los Ochos pueden recurrir al alcoholismo, al tabaco y a otras sustancias narcóticas para aliviarse. También tienden a ignorar sus necesidades físicas y emocionales aunque sientan un problema.

CÓMO RECONOCER SI ERES UN OCHO DEL ENEAGRAMA

Veamos algunos rasgos fáciles de detectar para un Ocho del Enea-grama, y asegúrate de tomar nota de con cuántos te identificas. Ten en cuenta que algunos de estos rasgos serán más pronun-ciados en los Ochos sanos, mientras que otros estarán más presentes en los Ochos no sanos.

- Desprecias con vehemencia que te controlen o manipulen de cualquier manera.
- La vulnerabilidad es algo con lo que se lucha seriamente, incluso cuando se trata de alguien con quien se tiene una relación íntima.
- Tu actitud puede resultar a veces intimidatoria y abrasiva, incluso cuando no es tu intención. Pero eso no te molesta mucho porque crees que el mundo necesita absolutamente gente como tú.
- Aunque no sueles expresarlo abiertamente, nada te da tanta alegría como ver a las personas que has tomado bajo tu tutela prosperar en la vida.
- Te niegas a permitir el autosabotaje o la autocompasión en las personas que quieres. Por eso no temes dar un poco de amor duro de vez en cuando, especialmente a los que te importan.
- Cuando uno se encuentra contra la pared, su primer instinto es enfrentarse a ella sin ayuda.
- Odias pedir ayuda o depender de los demás.

- Dirigir a los demás y tomar la iniciativa es algo natural para ti. Y hay algo en tu personalidad que parece obligar a los demás a seguir tu ejemplo.
- Tú sientes un gran respeto por aquellos que muestran resistencia, valor y perseverancia ante la adversidad.
- Si tuvieras un mantra, probablemente sería "tú creas tu propia suerte a través del trabajo duro, un carácter fuerte y una búsqueda implacable".
- Crees que el respeto debe ganarse a través de la competencia y la razón, no del estatus o la edad.

LUCHAS QUE PUEDE TENER UN ENEAGRAMA OCHO

Impaciencia

Tienes un sentido agudo de que el tiempo es limitado y quieres aprovechar al máximo tu tiempo en la tierra logrando todo lo que puedas. Eso es un gran motor, y te permite hacer que las cosas sucedan. Pero también puede generar mucha impaciencia, especialmente con personas que parecen lentas. Los procrastinadores y los que pierden el tiempo tienden a sacarte de quicio, y puede que no les guste la reacción que obtienen de ti. Aunque es estupendo estar tan motivado, volverse demasiado impaciente contigo mismo, con los demás o con las condiciones que escapan a tu control puede ser perjudicial. Aprende a confiar en el proceso.

Dominar o incluso intimidar a otros sin quererlo

Como se ha dicho antes, la necesidad de estar al mando, de tener el control y de liderar el camino es algo natural para un Ocho. Incluso en los niveles más saludables de desarrollo, tendrás que mantener este rasgo bajo control para que los demás no se sientan demasiado controlados por ti. Este aspecto es bastante pronunciado y tiende a sofocar a los demás cuando se trata de los Ochos más promedio y poco saludables. Sé que no te gusta endulzar nada ni mimar a la gente, pero tendrás que ser consciente de lo directo que eres si no quieres resultar ofensivo. La lucha es real porque a veces sentirás que te ves obligado a elegir entre ser tu auténtico y audaz yo o jugar a ser diplomático (algo que no soportas). Aun así, te animo a que seas consciente de tus reacciones. Tómate tiempo para considerar los efectos de tus reacciones, especialmente cuando se trata de relaciones que valoras profundamente.

Presionarse demasiado a sí mismo

Con tanta fuerza, poder, audacia, ideas y la creencia de que puedes hacer realidad lo imposible, es fácil ser demasiado duro contigo mismo. Los Ochos son famosos por su autodescuido físico y emocional, especialmente en niveles medios y poco saludables. Puede que sientas que no necesitas ayuda de nadie o que no puedes permitirte bajar el ritmo y tomarte un descanso porque la misión es demasiado crítica. La cuestión es que, para construir un legado duradero, necesitarás toda la ayuda y el descanso que puedas conseguir. El descanso y la relajación son tan importantes como ir a por todas. Y aunque te cueste delegar, te sientas vulnerable o hagas cualquier cosa de forma menos que perfecta, entiende que no son signos de debilidad. Te animo a que te des permiso para dejar de correr todo el tiempo y disfrutar de tiempos de inactividad saludables con regularidad.

Lucha contra las emociones y la palabra V

Si hay una palabra que te genera conflicto, tiene que ser: vulnerabilidad. Es posible que durante mucho tiempo hayas asociado la vulnerabilidad y las emociones con la debilidad. Tener conversaciones de corazón a corazón es probablemente una de las cosas más difíciles que puedes hacer, incluso con las personas que más te importan. Tu fuerza e independencia parecen estar reñidas con la compasión, la dulzura y la vulnerabilidad. A muchos Ochos les preocupa que los demás se aprovechen de ellos o traten de controlarlos si comparten abiertamente sus sentimientos. Empieza despacio si te das cuenta de que te cuesta dejar entrar a alguien (como suele ocurrir con muchos Ochos). Abre tu mente lo suficiente como para empezar a desarrollar ese nivel de intimidad y ternura con unas pocas personas que se ganen tu confianza con el tiempo. No te sientas forzado a ello, pero pon algo de esfuerzo para que realmente pueda suceder. Ser vulnerable con otra persona, aunque sea una sola, acabará haciéndote más fuerte y con más fundamento. Puede dar miedo, pero siempre merece la pena.

CONSEJOS DE CRECIMIENTO PARA LOS TIPO OCHOS

#1: Priorizar el autocuidado

Este es uno de los cambios más significativos que te animo a hacer inmediatamente. Dedica un tiempo cada día a hacer algo que te fundamente y te lleve a la conciencia del yo. Descuidar tu cuerpo, tu mente, tus emociones y tu yo superior sólo debilita tu poder y crea obstáculos innecesarios en tu camino de grandeza. Piensa en esto, tienes grandes planes y necesitas una energía ilimitada para hacer realidad esos sueños. ¿Cómo se obtiene esta energía? ¿De dónde vendrá de forma ilimitada? Los Ochos promedio asumen que pueden depender de estimulantes externos para seguir adelante. Eso no sólo es muy perjudicial, sino que también es bastante temporal y poco fiable. Hay una manera mejor, y es a través de rituales de autocuidado y tiempo dedicado a conectar con tu ser superior. Tendrás que crear una rutina que incorpore prácticas que sirvan a los tres dominios de ti mismo, es decir, cuerpo, mente y espíritu. Busca cosas que te gusten como el deporte, la natación, los masajes, etc., para cuidar tu cuerpo;

aliméntate con comida mental nutritiva para cuidar tu mente, y realiza prácticas como el yoga, el Tai Chi y la meditación para nutrir los tres dominios. Cuanto más trabajen estos tres en armonía, más imparable serás.

#2: Conecta con tus pensamientos y emociones

Como tipo basado en el cuerpo o en el intestino, tiendes a actuar por instintos, lo cual es excelente pero no holístico. Podrías notar un gran cambio en tu temperamento con sólo hacer este movimiento: reconecta con tus pensamientos y sentimientos antes de actuar. Cuando combinas los tres, es decir, instinto, pensamientos y sentimientos, tus decisiones y acciones serán más precisas y poderosas.

#3: Ábrete al amor incondicional

La tendencia es ver a las personas como fuertes o débiles, contigo o contra ti. Esta forma de pensar puede hacer que seas intensamente cariñoso con tus amigos cercanos y miembros de la familia, pero que te adormezcas cuando se trata de los llamados extraños. Por desgracia, esto puede dificultar el establecimiento de relaciones sólidas basadas en la confianza y el respeto mutuo. Para hacer grandes cosas, necesitarás que mucha gente trabaje contigo, y la mejor manera de dirigir a esas personas y ganarte su lealtad es a través del amor y no de la intimidación y la fuerza. Practicar el amor incondicional y reconocer que puedes dar y recibir amor más libremente te liberará y te dará poder. Fortalecerá tus conexiones profesionales y personales. Sé que te gusta que todo esté en un sistema basado en los méritos, pero haz que el amor sea la excepción a esta regla.

#4: Prioriza el descanso y el tiempo de inactividad

Trabaja duro y recuerda que también debes descansar lo suficiente. Programa el tiempo de inactividad y el tiempo de sueño igual que el tiempo de trabajo. Todas las grandes decisiones, ideas y acciones se producen cuando la mente está fresca, aguda y alerta. Escucha a tu cuerpo y dale tiempo suficiente para descansar, no basándote en lo que digan los demás, sino únicamente en lo que tu mente y tu cuerpo te digan que es lo mejor para ti. Algunas personas, como Kevin Hart, pueden funcionar bien con cuatro horas de sueño, mientras que otras, como Gary Vee, necesitan siete horas. No hay nada bueno o malo en esto. Sólo asegúrate de hacer lo que es adecuado para tu cuerpo.

TIPO 9: EL PACIFICADOR

Visión general del tipo Nueve:

A los Nueve se les llama comúnmente pacificadores o incluso mediadores porque valoran la paz y la armonía por encima de todo. Estos individuos son desinteresados, fáciles de llevar y muy amistosos. Todos los Nueve prefieren evitar los conflictos, por lo que se muestran algo retraídos de la vida en diversos grados. Algunos Nueve son introvertidos, por lo que les resulta más fácil aislarse y evitar cualquier cosa que amenace su tranquilidad. Otros llevan una vida más activa y social, pero incluso en ese caso, siempre se observará cierto grado de desentendimiento y falta de participación, como si trataran de aislarse de las amenazas.

En su mayor parte, los Nueve serán optimistas, apoyarán a los demás y adoptarán una actitud de "seguir la corriente" en todo momento. Les gusta estar al aire libre y se esfuerzan por vivir en entornos serenos. Aunque los Nueve parezcan conservadores, pueden ser muy resistentes ante el cambio y la incertidumbre. De hecho, la mayoría de los Nueve son más resistentes y abiertos al cambio de lo que creen. Una lucha única que este tipo experimenta mucho más que cualquier otro en el sistema de tipificación del Eneagrama es su tendencia a perderse en las relaciones personales. A menudo adoptan las características de su pareja y silencian por completo sus propias cualidades y voz. Eso hace que sea fácil que un Nueve se malinterprete a sí mismo. Las madres también pueden entregarse por completo a la familia y perder su identidad única, lo que las lleva a confundirse con un Dos. Y aunque esa disolución de uno mismo está impulsada por la necesidad de armonía, a menudo engendra resentimiento e ira, que periódicamente estalla. Aunque no es fácil de detectar, a los Nueve no les gusta el control externo, al igual que a los Ochos. La única diferencia es que no lo demuestran abiertamente. En cambio, muestran su resistencia de forma pasiva, lo que da lugar a un comportamiento pasivo-agresivo.

En el trabajo, los del tipo Nueve se llevarán bien con todo el mundo y verán genuinamente la perspectiva de cada persona, facilitando que los demás se sientan comprendidos. Sin embargo, harán todo lo posible para evitar o acabar con los conflictos a su alrededor.

Los distintos tipos de Nueve verán el mundo en función de su nivel de desarrollo, pero como regla general, los Nueve sanos son tranquilos, honestos, solidarios, y utilizan sus superpoderes naturales de difusión de conflictos para mantener la armonía y la fluidez social en todos los entornos.

Los Nueve no sanos son letárgicos y luchan mucho contra la procrastinación. Pueden volverse excesivamente pasivos y muy autocríticos.

Dentro de la tríada de los Centros de Inteligencia, los Nueve se sitúan en el centro de la "tripa" junto a los Ochos y los Unos. La emoción principal no resuelta de esta tríada es la ira. Aunque los Ochos son excelentes para expresar su ira y los Unos se resisten a ella, los Nueve prefieren evitarla por completo. Su único objetivo es encontrar la paz interior.

Un Nueve sano se mostrará agradable, gentil, amable, calmado, estable, honesto, aceptante, optimista, creativo y confiado. En realidad, estas son cualidades bastante distintivas que se pueden observar fácilmente en los Nueve. Este tipo tiene el superpoder natural de curar los conflictos a su alrededor sin mucho esfuerzo. También son grandes persuasores, y los demás escuchan y siguen fácilmente sus consejos.

En su mejor momento, los Nueve son individuos robustos y unificadores que unen a la gente y curan las disputas.

Deseo central: Tener una estabilidad interior completa y paz mental.

Miedo central: Los Nueve temen la separación y la pérdida.

¿Qué motiva a un tipo Nueve? La necesidad de encontrar la paz y la armonía interior y exterior. Los Nueve quieren evitar el conflicto a toda costa.

Alas:

El Tipo Nueve tiene el Ala Ocho, que es "El árbitro", y el Ala Uno, que es "El soñador".

Las flechas y sus significados:

El tipo tiene dos flechas, la 3 y la 6. Cuando se mueve en la dirección de la desintegración y el estrés (seis), los Nueve se vuelven ansiosos, estresados y preocupados como los Seis insanos. Sin embargo, la flecha que apunta hacia el crecimiento y la integración (tres) muestra a un Nueve descuidado y letárgico que se transforma en un individuo más enérgico y con un propósito, como un Tres sano.

Ejemplos de personas famosas:

Algunas personas famosas que comparten el tipo Nueve del Enea-grama son Walt Disney, Audrey Hepburn, Sophia Loren, Kevin Costner, la reina Isabel II, Abraham Lincoln, Carl Jung, Janet Jackson, George Lucas, Lisa Kudrow, Tobey McGuire, John F. Kennedy Jr, George W. Bush y Ronald Reagan.

Niveles de desarrollo del Tipo Nueve:

Hay diferentes expresiones del tipo Nueve que tendrás que aprender. En varias etapas de desarrollo, un tipo Nueve exhibirá ciertos comportamientos y actitudes dependiendo de cuán desconectados estén de su Yo superior. Veamos cada nivel.

Niveles saludables

El nivel 1 es el tipo Nueve en su mejor momento. Este individuo es dueño de sí mismo, se siente realizado y es uno con todo. Tiene una gran autonomía, ecuanimidad y disfruta de una profunda sensación de satisfacción con lo que es y con la vida en su conjunto. Al haber encontrado esa paz interior y su auténtico ser, son capaces de establecer conexiones más profundas con los demás y facilitar una gran curación a su alrededor. La gente confía y sigue naturalmente sus sabios consejos. Este Nueve está vivo y profundamente conectado consigo mismo y con los demás.

En el nivel 2, el Nueve es emocionalmente estable y sereno. Su nivel de confianza es alto y aborda la vida, las relaciones y los desafíos con facilidad y una calma inquebrantable. Este tipo de Nueve es receptivo, se acepta a sí mismo y a los demás, no tiene ningún tipo de pretensión, es paciente y realmente encantador con la gente.

El nivel 3 es un Nueve optimista que sigue siendo consciente de su superpoder persuasivo y curativo y lo utiliza positivamente para armonizar los grupos y unir a las personas. Este individuo es tranquilizador, solidario, un gran comunicador y excelente en las mediaciones.

Niveles medios

En el nivel 4, el tipo Nueve empieza a idealizar a los demás y a aceptar todo lo que la gente dice, esté o no de acuerdo. Tienden a desviar las cosas y les cuesta decir su verdad, sobre todo cuando no están seguros de que vaya a ser bien recibida.

El nivel 5 sigue siendo un Nueve activo pero algo desvinculado. Este individuo es irreflexivo y un poco despistado. Los que son sociales y extrovertidos seguirán estando cerca de la gente. Sin embargo, no responderán a los problemas de los demás y preferirán alejarse. En su mayor parte, este tipo Nueve está "desconectado" y ajeno porque prefiere ser indiferente a esforzarse o centrarse en problemas que sólo agudizarán sus problemas internos.

En el nivel 6, el tipo Nueve prefiere minimizar los problemas y buscar la paz a cualquier precio. Esto significa que estarán de acuerdo con las cosas sólo para mantener la paz e incluso se resignan en asuntos en los que sienten que no se puede hacer nada para crear un cambio. También empezamos a ver mucha procrastinación en el individuo, ya que prefiere posponer cualquier cosa del mundo real que aumente su perturbación interior y, en su lugar, recurre a las ilusiones y a las soluciones mágicas.

Niveles insanos

El nivel 7 es aquel en el que el Nueve da un giro hacia el lado oscuro de su personalidad. La persona es terca, obstinada y se siente impotente. Se aísla y se desvincula de todos los conflictos hasta el punto de alejarse y dejar a otra persona en peligro con tal de no verse envuelta en el conflicto.

En el nivel 8, el tipo Nueve busca formas de bloquear cualquier cosa que cause conflicto en su mundo. Son insensibles, negligentes y despersonalizados en todas sus interacciones, sin querer tener nada que ver con un mundo o un entorno inarmónico.

En el nivel 9, el tipo Nueve apenas puede concentrarse en ninguna tarea, ya que el letargo, la impotencia y la autocrítica se disparan. Sufren de un comportamiento pasivo-agresivo en cualquier relación que tengan, y la mayoría se vuelven severamente desorientados y catatónicos.

Adicciones:

Para sobrellevar y suprimir parte del malestar emocional y psicológico al que se enfrenta este tipo, especialmente en los niveles de desarrollo poco saludables, los Nueve pueden recurrir al alcohol, la marihuana, comer en exceso, los depresivos y los psicotrópicos. También pueden evitar cualquier actividad física.

CÓMO RECONOCER SI ERES UN NUEVE DEL ENEAGRAMA

Veamos algunos rasgos fáciles de detectar para un Nueve del Eneagrama, y asegúrate de tomar nota de con cuántos te identificas. Tenga en cuenta que algunos de estos rasgos serán más pronunciados en los Nueve sanos, mientras que otros estarán más presentes en los Nueve no sanos.

- Tu mayor deseo es tener un mundo sin violencia, enfermedades ni nada negativo.
- No puedes soportar ver la tristeza en otra persona.
- Todo el mundo te ve como ese amigo genuino que siempre es relajado y fácil de tratar.
- Te cuesta elegir un bando en una pelea.

- La gente confía y se abre a ti de forma natural.
- Siempre has sido la mediadora y pacificadora en las reuniones familiares.
- Te das cuenta de que tu personalidad tiende a cambiar cuando estás cerca de ciertas personas. Es casi como si te encastraras y te parecieras más a ellos.
- Tienes el hábito de lidiar con los problemas no haciéndolos, esperando que al no reconocerlos, de alguna manera desaparecerán.
- Pasar por el modelo del Eneagrama e identificar tu tipo se siente imposible porque te ves en todos ellos y no puedes decidir cuál es tu verdadero yo.

LUCHAS QUE PUEDE TENER UN ENEAGRAMA OCHO

Indecisión

A casi todos los Nueve les cuesta tomar decisiones, especialmente cuando hay varias partes implicadas. Su inclinación natural a mantener la paz y la armonía puede obstaculizar la toma de decisiones, incluso las más sencillas, como por ejemplo: "¿compramos comida china o italiana?".

Es difícil que un Nueve exprese su opinión porque es muy amable y se preocupa por los demás en su vida. En los niveles de desarrollo medios y poco saludables, esto puede llevar a una pérdida de identidad, ya que el Nueve se funde con el otro (especialmente con una pareja romántica). Además, la mayoría de los Nueve poco desarrollados nunca se han tomado el tiempo de saber lo que realmente quieren. Así que pueden ir por la vida haciendo cosas que otros sugieren porque no conocen su propia personalidad.

Aplazar las cosas porque te estresan y te alejan de tu zen

La procrastinación es un gran problema para los Nueve menos desarrollados. La necesidad de moverse a una velocidad lenta y tranquila puede hacer que a veces procrastinen, especialmente en cosas que requieren mucha energía. Los plazos suenan a muerte para un Nueve, y es fácil que el agobio y el letargo se apoderen de ellos.

Sentir la presión de ceder

¿Alguna vez has sentido que la gente se aprovecha de tu bondad? ¿Te han fastidiado los amigos una y otra vez? ¿Te preguntas a menudo si las personas de tu vida te quieren por lo que realmente eres o si sólo te quieren porque necesitan algo de ti? Estos son pensamientos comunes para los Nueve. Por muy problemático y molesto que parezca, la causa principal de esta experiencia es que no te sientes lo suficientemente seguro para ser tu auténtico yo. Eres tú quien deja que la gente te presione y tome decisiones en tu nombre porque nunca has hecho hincapié en tu voz. En nombre de la cortesía, has dicho que sí incluso cuando era una auto-traición, y ahora la gente se ha acostumbrado a eso. Pero no todo está perdido. Todavía puedes cambiar las cosas para mejor sin crear desarmonía en tu vida.

Tranquilo y fresco por fuera, ardiente por dentro

Los Nueve se consideran extremadamente tranquilos, pero sabemos que su emoción no resuelta es la ira. Por eso, aunque no lo veas externamente, los Nueve pueden albergar mucho resentimiento e incluso rabia. Dado que un Nueve típico no quiere causar conflictos, a menudo se mantendrá en silencio o incluso enterrará su opinión si ésta contradice lo que dicen los demás. A menudo les aterra perder los nervios, no sólo por la relación externa, sino porque se esfuerzan mucho por encontrar y mantener esa paz interior. Si eres un Nueve y has notado una oleada de ira incipiente, es hora de que sigas avanzando en tu desarrollo personal y aprendas formas sanas de lidiar con esta emoción. No reprimas la ira o el resentimiento. Utiliza la herramienta del Eneagrama para sanar y cultivar la confianza para decir tu verdad aunque nadie esté de acuerdo.

CONSEJOS DE CRECIMIENTO PARA LOS TIPO NUEVE

#1: Toma conciencia de tu ira

Date cuenta de cuándo empiezan a surgir el juicio, el resentimiento y la ira. En cuanto te pongas tenso o irritable, sé curioso y pregúntate: "¿qué cuestiones subyacentes se acaban de desencadenar?". Si puedes etiquetar y domar el problema, se hará más fácil con el tiempo. Pero incluso si no puedes obtener una respuesta clara, te animo a que encuentres formas saludables de expresar esa emoción en lugar de reprimirla.

#2: Pide tiempo para tomar tus decisiones

La indecisión es una gran lucha para ti, así que entrénate para convertirte en un mejor tomador de decisiones. Empieza con cosas pequeñas, como decidir de antemano dónde quieres ir a cenar con tus amigos este fin de semana. Cuando te pregunten y te hagan sugerencias, da también las tuyas. Si alguien en el trabajo te pide que elijas algo en un momento dado y necesitas tiempo para pensar, en lugar de decir "lo que quieras", pide algo de tiempo para pensarlo. Esto requerirá práctica, pero cuanto más lo hagas, mejor será.

#3: Comparte tus intereses, valores e ideas con los demás

Prométete ahora mismo que dejarás de aplacar a los demás sólo para evitar conflictos o esa sensación incómoda en el estómago. Y una vez que hagas ese compromiso contigo mismo, empieza a interesarte por las cosas que te gustan. Prueba cosas diferentes y, cuando encuentres algo que te guste de verdad, házselo saber a las personas que te importan, aunque no les guste esa actividad. Cuando tengas una nueva idea o alguien pise tus valores, hazlo saber. Ten el valor de hablar con amabilidad y franqueza (sí, estas dos cualidades pueden ir bien juntas). Dado tu comportamiento tranquilo, te resultará fácil estar en desacuerdo con alguien y expresar tu verdad sin necesidad de provocar sus nervios. Confía en que tu superpoder pacificador puede permitirte transformarte en un guerrero pacífico. Y si te preocupa perder a tus amigos y seres queridos, no lo hagas. Las personas que te quieren ya saben lo bueno que eres. Mostrarte como más de ti mismo sólo aumentará su respeto y amor.

#4: Establece mini objetivos diarios

A medida que continúes trabajando en tu desarrollo personal, establece mini-objetivos de cosas que te gustaría lograr. Escríbelos y selecciona fechas definitivas de finalización o de vencimiento. Mantén una pequeña lista de objetivos a corto y medio plazo, y una lista aún más pequeña de cosas diarias que quieras lograr. Cuando completes un proyecto importante o alcances un objetivo, recompénsate y celébralo. Este pequeño cambio en la forma de enfocar tu vida puede suponer un enorme cambio en tu energía y en tu crecimiento general.

PARTE DOS
TÚ Y EL
ENEAGRAMA

CAPÍTULO 8
DESCUBRIR QUIÉN ERES REALMENTE

Después de leer el contenido de la primera sección, es probable que tengas una idea del tipo de personalidad que más te representa. Si no es así, no pasa nada. A veces, encontrarte a ti mismo en el sistema del Eneagrama requiere más reflexión y un brutal autoanálisis. De hecho, siempre animo a todo el mundo a que lea exhaustivamente los nueve tipos antes de hacer el test para identificar su propio tipo. Hay que darse cuenta de que todos tenemos un tipo de personalidad básico, pero aprender sobre los nueve nos permite entendernos mejor a nosotros mismos y a los demás. También es esencial ver las conexiones de un tipo a otro porque, independientemente de nuestro número, existe una pequeña faceta de otros tipos en nosotros.

En esta búsqueda de autodescubrimiento y de descubrir más de tu verdadero Yo, vamos a abordar esto en dos niveles. En primer lugar, te ayudamos a descubrir tu tipo principal, algo bastante sencillo y fácil de hacer.

En segundo lugar, profundizamos para descubrir quién eres realmente. ¿Te has preguntado alguna vez "quién soy yo"? Si es así, el segundo nivel no te dará tanto miedo y probablemente obtendrás algunas ideas nuevas que añadir a tu conocimiento actual. Para aquellos que nunca se han planteado esta sencilla pero profunda pregunta, prepárense para un despertar que les pondrá en el camino correcto del autodescubrimiento. No nos adelantemos. Lo primero es lo primero, ¿cómo se averigua el tipo de persona que uno tiene?

IDENTIFICANDO TU ENEAGRAMA

Hay innumerables pruebas que puedes realizar para determinar tu tipo de eneagrama. El más común es el Indicador de Tipo de Eneagrama de Riso-Hudson (RHETI) y está considerado por los expertos como uno de los mejores con una precisión de alrededor del 80%. También puedes realizar el cuestionario TAS. Incluiré enlaces en las secciones de recursos para algunos de los tests online recomendados, muchos de los cuales son de pago. Si todavía no quieres pagar por un test, puedes reflexionar sobre preguntas específicas de reflexión para tener más claro tu tipo.

- ¿Cómo reaccionas a diario ante el estrés, los desconocidos, las situaciones felices o desagradables?
- ¿Cuál es la emoción subyacente predominante de la que no te puedes librar desde que tienes uso de razón? ¿Es sobre todo miedo, vergüenza o ira?
- ¿Qué cualidades o rasgos de carácter te definen a ti y a los demás?
- ¿Cuál es tu visión del mundo y tu forma de pensar? ¿Podrías reconocer algunos de tus patrones de pensamiento en alguno de los tipos del eneagrama?

La clave para identificar tu tipo es la honestidad al 100%.

Tienes que identificar qué emociones y miedos básicos guían la mayor parte de tu comportamiento. De este modo, podrás evitar basar tu tipo puramente en rasgos externos. Así que repasemos brevemente cada uno de los nueve miedos según la lista de Don Riso y Russ Hudson en su libro *"La sabiduría del Eneagrama"*

- El tipo 1 teme ser malvado o corrupto.
- El tipo 2 teme no ser amado o no ser querido por los demás.
- El tipo 3 teme no tener éxito y no valer nada.
- El tipo 4 teme perder o no encontrar su identidad y expresar lo único y diferente que es.
- El tipo 5 teme ser inadecuado, incompetente e indefenso.
- El tipo 6 teme carecer de orientación y apoyo.
- El tipo 7 teme el dolor y las privaciones.
- El tipo 8 teme ser controlado y dañado por otros.
- El tipo 9 teme la pérdida y la separación.

La mayoría de nosotros tendrá más de un miedo básico. Sin embargo, como he dicho antes, a través de la observación, reconocerás el miedo básico dominante y el tema emocional subyacente que siempre te acompaña, vayas donde vayas.

Una vez que hayas identificado la tríada con la emoción primaria no resuelta y el miedo básico dominante, encontrarás fácilmente el número correspondiente, y el resto debería encajar. Tu miedo básico se sentirá más intenso, omnipresente y quizás incluso un poco horroroso. Es posible que empieces a reconocer que se manifiesta en forma de diferentes experiencias en distintos ámbitos de tu vida.

El Test del Eneagrama:

Siempre se recomienda realizar un test online. Te da una comprensión completa de tu personalidad, puntos ciegos, patrones de pensamiento y valida tus ideas existentes sobre tu tipo de eneagrama correcto. Así que, incluso después de identificar tu tipo, quiero animarte a hacer un test online. Si vas a buscar en Google un test de Eneagrama, te inundarán innumerables opciones, algunas de las cuales no son muy buenas. El mejor es el "Indicador de Tipo de Eneagrama Riso-Hudson" creado por el Instituto del Eneagrama. Consulta la sección de recursos para ver los enlaces que recomiendo.

¿QUIÉN ERES TÚ REALMENTE?

El objetivo de estudiar los tipos de personalidad y hacer un test de eneagrama es saber quién eres tú realmente. La mayoría de la gente no se atreve a iniciar esta búsqueda, y es comprensible. Da miedo y es difícil. Nuestra sociedad no nos anima a descubrir nuestro verdadero yo a una edad temprana. En cambio, se nos anima a completar y ser como los demás a nuestro alrededor. Las normas sociales en torno a lo que constituye un ser humano respetable y exitoso son bastante vanas y superficiales. Poseer un coche de lujo, conseguir un trabajo bien pagado, hipotecar una casa, comprar los últimos artilugios brillantes y tener una vida perfecta en Instagram: entonces te consideramos un ser humano de éxito. Por desgracia, esto es cualquier cosa menos una vida de éxito.

Martin tuvo éxito según esta medida superficial de la sociedad. A los veintinueve años, había hipotecado su primera casa, se había casado con una bella esposa y conducía el coche de sus sueños. Martin también tenía un despacho en la esquina de su bufete y veraneaba con frecuencia en los Hamptons. Hizo falta una enfermedad, perder el trabajo y divorciarse para que Martin se diera cuenta de que realmente no se conocía a sí mismo. Cuando por fin tocó fondo, tuvo la suerte de conocer los libros y los contenidos en línea de Deepak Chopra, que le obligaron por primera vez a plantearse las preguntas "¿quién soy? ¿En qué creo? ¿Cuál es mi propósito en la vida?". Estas preguntas le sirvieron de plataforma de lanzamiento para su viaje de autodescubrimiento. Le costó mucho trabajo y mucha terapia, meditación, estudio y reflexión diaria, pero finalmente Martin pudo transformar su vida y reconectar con su verdadero yo.

¿Cuál es la diferencia entre el verdadero yo y el yo-ego?

Tu yo del ego o tu yo cotidiano es el que se mezcla con las cosas cotidianas. Dentro de ti hay un yo más profundo, más sabio y más poderoso que a menudo es un observador silencioso. Si prestas atención, te darás cuenta de ese Yo. ¿Cómo sabrás que es tu verdadero Yo? Del mismo modo, puedes identificar la diferencia entre la sal y el azúcar. Cada una posee ciertas cualidades, y al probarlas, incluso con una venda en los ojos, puedes distinguirlas. Lo mismo ocurre con tu yo egoísta y tu verdadero yo. Cuando experimentes las cualidades de tu verdadero Yo y aprendas a cultivarlas como parte de tu bienestar, sabrás rápidamente cuándo estás operando desde el yo cotidiano o desde el Yo superior.

- El verdadero Yo es estable y seguro. ¿Alguna vez has tenido esos momentos en los que te has sentido más sólido que una roca y sólido en tu pensamiento? Has accedido a una cualidad de tu Yo superior. Tu Yo superior es siempre fiable y seguro, pero tu Yo egoico está cambiando constantemente.
- El verdadero Yo siempre está en paz. Hay un conocimiento interno de que todo está bien que sólo posee tu verdadero Yo. Por otro lado, tu ego se perturba fácilmente, duda, se agita y es tumultuoso.

- El verdadero Yo tiene las cosas claras y seguras. En cada momento, no importa a qué te enfrentes, tu Yo superior sabe qué paso dar a continuación. Desgraciadamente, lo contrario puede decirse de tu ego, que siempre está confundido, se distrae fácilmente y se deja influir por las circunstancias externas. De nuevo, hay un conocimiento fundamental que sólo posee tu Yo superior.
- El verdadero Ser es el amor. Podemos identificar rápidamente esta cualidad porque la mayoría de las veces, al vivir desde la perspectiva del ego, buscamos el amor fuera de nosotros. Nos volvemos dependientes de fuentes y personas externas para sentirnos amados. Esa es una clara señal de que no estamos viviendo desde el verdadero Ser. Cuando vives desde tu verdadero Ser, no hay vacío que llenar, ni soledad ni pérdida, y no buscas encontrar amor. En cambio, anhelas dar desde tu desborde.

Observando estas cualidades, puedes empezar a averiguar desde qué perspectiva vives en el día a día. Y eso se convierte en un buen indicador de cuánto desarrollo necesitas para desbloquear tu mejor y más elevado Yo. En los tipos de Eneagrama, hablamos de los diferentes niveles de desarrollo para que pudieras saber en qué trabajar para ascender al nivel más alto en el que consigues vivir principalmente desde tu Yo más elevado. Eso no significa que destruyas o niegues el yo-ego. Significa que lo has transformado en su versión más saludable, donde sirve a tu Alma y al propósito de la vida.

Nuestra sociedad opera principalmente en niveles medios y bajos de desarrollo en los que esa conexión con el verdadero Ser está significativamente cortada. Es por eso que la negatividad parece ganar el día, y nuestras acciones son más egoístas, despiadadas y divisivas. Pero una vez que cada uno de nosotros pueda aprender a reconocer y fomentar las cualidades del verdadero Ser para que surjan dentro de nosotros, se producirá un cambio positivo. Todo lo que se necesita es que un individuo asuma esa responsabilidad en su vida para ampliar su conciencia, tomar mejores decisiones y saber más sobre quién es realmente. Al leer este libro, has tomado esa decisión para tu vida. Si sigues haciéndote las preguntas correctas y avanzas en tu camino de autodescubrimiento, no sólo tendrás un impacto positivo en tu vida, sino también en la de los que te rodean.

10 PREGUNTAS QUE TE AYUDARÁN A DESCUBRIR MÁS SOBRE TU PERSONALIDAD

Aunque la búsqueda de tu verdadero yo no puede completarse con un simple cuestionario, responder a las siguientes preguntas te ofrecerá un claro punto de partida, te aportará una nueva perspectiva y te guiará en los siguientes pasos. Estas preguntas han sido desarrolladas por el Dr. Phil y supervisadas por Lifehack (Chui). Enciende tu documento de Word o tus notas y empecemos. Encontrarás los puntos de cada pregunta y lo que indican al final de las mismas.

Pregunta 1: ¿Cuándo te sientes en tu mejor momento?
a) en la mañana
b) durante la tarde o temprano en la noche
c) tarde en la noche

Pregunta 2: Por lo general, prefieres caminar...
a) bastante rápido, con pasos largos
b) bastante rápido, con pequeños pasos
c) menos rápido cabeza arriba, mirando al mundo a la cara
d) menos rápido, con la cabeza baja

e) muy despacio

Pregunta 3: Cuando hablas con la gente, tu...
a) te mantienes de pie con los brazos cruzados
b) tienes las manos unidas
c) tienes una o ambas manos en la cadera o en los bolsillos
d) tocas o empujas a la persona con la que estás hablando
e) juegas con tu oreja, te tocas la barbilla o te alisas el pelo

Pregunta 4: Cuando te relajas, te sientas con...
a) las rodillas dobladas con las piernas ordenadas una al lado de la otra
b) tus piernas cruzadas
c) las piernas estiradas o rectas
d) una pierna acurrucada debajo de ti

Pregunta 5: Cuando algo realmente te divierte, reaccionas con...
a) una gran carcajada notoria
b) una risa, pero no muy fuerte
c) una risa silenciosa
d) una sonrisa tímida

Pregunta 6: Cuando vas a una fiesta o a una reunión social,...
a) haces una entrada ruidosa, para que todo el mundo se fije en ti
b) haces una entrada silenciosa, buscando a alguien conocido
c) haces la entrada más silenciosa, tratando de pasar desapercibido

Pregunta 7: Cuando estás trabajando o concentrándote mucho, y te interrumpen...
a) bienvenida la pausa
b) te sientes extremadamente irritado
c) varías entre estos dos extremos

Pregunta 8: ¿Cuál de los siguientes colores te gusta más?

a) rojo o naranja

b) negro

c) amarillo o azul claro

d) verde

e) azul oscuro o púrpura

f) blanco

g) marrón o gris

Pregunta 9: Cuando estás en la cama por la noche, en esos últimos momentos antes de quedarte dormido, te acuestas...

a) estirado sobre la espalda

b) estirado boca abajo sobre tu estómago

c) de lado, ligeramente curvado

d) con la cabeza en un brazo

e) con la cabeza bajo las sábanas

Pregunta 10: A menudo sueñas que estás...

a) cayendo

b) luchando o peleando

c) buscando algo o a alguien

d) volando o flotando

e) sueles tener un descanso sin sueños

f) tus sueños son siempre placenteros

Puntos para cada pregunta

1. (a) 2 (b) 4 (c) 6

2. (a) 6 (b) 4 (c) 7 (d) 2 (e) 1

3. (a) 4 (b) 2 (c) 5 (d) 7 (e) 6

4. (a) 4 (b) 6 (c) 2 (d) 1

5. (a) 6 (b) 4 (c) 3 (d) 5 (e) 2

6. (a) 6 (b) 4 (c) 2

7. (a) 6 (b) 2 (c) 4

8. (a) 6 (b) 7 (c) 5 (d) 4 (e) 3 (f) 2 (g) 1
9. (a) 7 (b) 6 (c) 4 (d) 2 (e) 1
10. (a) 4 (b) 2 (c) 3 (d) 5 (e) 6 (f) 1

Ahora suma todos los puntos para ver tu resultado:

MÁS DE 60 PUNTOS

Los demás te ven como alguien a quien deben "tratar con cuidado". Te ven como alguien vanidoso, egocéntrico y extremadamente dominante. Otros pueden admirarte, deseando ser más como tú, pero no siempre confían en ti, dudando en involucrarse demasiado contigo.

DE 51 A 60 PUNTOS

Otros te ven como una personalidad excitante, muy volátil y bastante impulsiva, un líder natural, alguien que es rápido para tomar decisiones, aunque no siempre las correctas. Te ven como una persona audaz y aventurera, alguien que prueba todo una vez, alguien que se arriesga y disfruta de la aventura. Les gusta estar en tu compañía por el entusiasmo que irradias

41 A 50 PUNTOS

Los demás te ven como alguien fresco, vivo, encantador, divertido, práctico y siempre interesante; alguien que está constantemente en el centro de la atención pero lo suficientemente equilibrado como para que no se le suba a la cabeza. También te ven como alguien amable, considerado y comprensivo, alguien que siempre les anima y les ayuda.

31 A 40 PUNTOS

Los demás te ven como una persona sensata, prudente, cuidadosa y práctica. Te ven como una persona inteligente, dotada o con talento, pero modesta. No eres una persona que haga amigos con demasiada rapidez o facilidad, sino alguien que es extremadamente leal con los amigos que hace y que espera la misma lealtad a cambio. Los que te conocen de verdad se dan cuenta de que hace falta mucho para hacer tambalear tu confianza en tus amigos, pero también de que tardas mucho en superarlo si esa confianza se rompe alguna vez.

DE 21 A 30 PUNTOS

Tus amigos te ven como alguien meticuloso y exigente. Te ven como una persona muy cautelosa, extremadamente cuidadosa, una persona lenta y constante. Les sorprendería mucho que alguna vez hicieras algo de forma impulsiva o improvisada, ya que esperan que lo examines todo con detenimiento desde todos los ángulos y que, por lo general, decidas no hacerlo. Creen que esta reacción se debe, en parte, a tu naturaleza cuidadosa.

MENOS DE 21 PUNTOS

La gente piensa que eres tímido, nervioso e indeciso, alguien que necesita que lo cuiden, que siempre quiere que otro tome las decisiones y que no quiere involucrarse con nadie ni con nada. Te ven como una persona preocupada que siempre ve problemas que no existen. Algunos piensan que eres aburrido. Sólo los que te conocen bien saben que no lo eres.

¿Cuántos puntos has conseguido?

UN CONSEJO PARA ENCONTRAR TU VERDADERO YO

Aunque los test de personalidad y los cuestionarios son un buen punto de partida, recuerda siempre que tu verdadero yo es mucho más grande y que hace falta mucho más que identificar tu personalidad. Utilízalos como pistas, pero nunca te detengas ahí. Cuanto más profundices, más descubrirás tu verdadero yo. Un gran enfoque que ha sido útil en mi búsqueda ha sido el énfasis en encontrar lo que es significativo para mí. Lo aprendí leyendo el libro de Viktor E. Frankl "El hombre en busca de sentido", que transformó mi forma de enfocar la vida. Frankl sobrevivió a algunas de las circunstancias más horribles durante la guerra nazi. Estuvo prisionero en un campo de concentración nazi y vio cómo mataban a toda su familia, incluidos su mujer y sus hijos. El hecho de que sobreviviera se debió principalmente a que pudo mantener el sentido de la vida. Frankl dijo: "La vida nunca se hace insoportable por las circunstancias, sino sólo por la falta de sentido y propósito".

¿Cómo nos ayuda eso en nuestra búsqueda de autodescubrimiento?

Cuanto más busquemos nuestro sentido personal de propósito y vivamos desde un lugar fundamentado en los valores personales y los principios que consideramos verdaderos para nosotros mismos (no corrompidos por la sociedad y la influencia de los padres), más cerca estaremos de vivir desde nuestro verdadero Ser. Pero no asumas que será una hazaña fácil.

Una cosa es entender tu personalidad e identificar los rasgos y peculiaridades que te hacen ser tú. Pero sin una limpieza más profunda de las influencias que han dado forma a esa personalidad y la capacidad de ver quién eres debajo de esa tela social, te costará acceder a ese "Yo" más grande del que hablábamos antes. El propósito y el significado parecen ser las energías que convocan a ese Yo superior. Quizá por eso personas como Viktor Frankl, Nelson Mandela y otros fueron capaces de soportar cosas que nuestros egos consideran imposibles. Vivían desde su verdadero Yo, no desde sus personalidades, lo que marcó toda la diferencia del mundo.

CAPÍTULO 9

SUBTIPOS PARTE 1

lgo extraño ocurrirá cuando te familiarices con el sistema de tipificación de la personalidad del eneagrama y empieces a utilizarlo para entenderte a ti mismo y a los demás. Uno de estos días, te encontrarás con alguien del mismo tipo de eneagrama, pero que actuará de forma totalmente diferente. La primera vez que me ocurrió, pensé que el sistema estaba roto o que la persona se había equivocado. Resulta que ninguna de las dos cosas era correcta. Compartíamos el mismo tipo de Eneagrama pero diferíamos significativamente en nuestras expresiones, principalmente debido a nuestros subtipos. En los capítulos siguientes, veremos qué son los subtipos, por qué son importantes y los diferentes subtipos de cada tipo de Eneagrama.

¿QUÉ SON LOS SUBTIPOS DEL ENEAGRAMA?

Los subtipos son formas ricas y matizadas de entender más sobre ti mismo y las cosas que influyen en tu comportamiento. Combinan tu tipo de Eneagrama y tus instintos naturales, es decir, cómo estás conectado para sobrevivir. Se denominan comúnmente subtipos instintivos o variantes instintivas y tienen todo que ver con tus instintos básicos de supervivencia. ¿Por qué nos importan los instintos de supervivencia en la sociedad moderna actual? Puede que no seamos cazadores y recolectores o que corramos el riesgo de que nos coma un león de camino a casa desde el trabajo, pero esa parte de nuestro cerebro sigue activa y operativa. Los impulsos y motivos que nos permitieron sortear aquellos tiempos peligrosos siguen influyendo en nuestras experiencias cotidianas más de lo que creemos. Quizá por eso podemos ver a un político muy educado y bien vestido comportándose como un cavernícola. En lugar de fingir que tus instintos no están ahí, es mejor ser más consciente de cómo influyen en tus reacciones. Cuanto más consciente seas de tus subtipos, más fácil será ponerlos en equilibrio y crear una alineación con tu Yo superior.

LOS TRES SUBTIPOS INSTINTIVOS:

Las tres clasificaciones son autoconservación (SP), social (SO) y sexual (también conocido como íntimo o uno a uno). Todos poseemos cada uno de los tres instintos, pero uno dominante se combina con nuestro tipo específico de Eneagrama para formar un subtipo. Veamos la diferencia entre estos tres subtipos. Piénsalo de la misma manera que tienes dos brazos, pero uno es más preferido y es probablemente la razón por la que te refieres a ti mismo como diestro o zurdo (dependiendo del brazo en el que confíes más). En el caso de los subtipos, tienes tres, pero uno es más influyente y lo utilizas como tu configuración por defecto. La mayoría de nosotros puede identificar rápidamente el instinto dominante. Sin embargo, podemos sentirnos indiferentes o neutrales ante el instinto que ocupa el segundo lugar y apenas reconocer el tercero y menos influyente.

Autoconservación (SP)

Como su nombre indica, la autoconservación consiste en dar prioridad a las necesidades físicas como la comida, el refugio, la salud, la familia y las finanzas. En otras palabras, la seguridad es la máxima prioridad. La mayor parte de la atención se centra en preservar los recursos y la energía como estrategia para, básicamente, pasar por la vida y sentirse seguro y protegido. Si tiene este instinto como dominante, tiende a priorizar el bienestar familiar, físico y mental. Es probable que gestiones tus niveles de energía y tus recursos de forma que te ayuden a evitar sentirte abrumado o demasiado estresado.

Social (SO)

El instinto social da prioridad a la pertenencia y a ser aceptado por el grupo o la comunidad. Se trata de trabajar para conseguir objetivos compartidos con otros como estrategia para salir adelante en la vida y sentirse seguro y protegido. Si este es tu instinto dominante, lo que más te gusta es formar parte de un grupo o trabajar en equipo con otras personas que comparten un objetivo común. Valoras la sensación de pertenencia y de que te quieren los de tu grupo. Tu atención se centra a menudo en la forma en que los demás te responden, y te das cuenta rápidamente de tu posición en cualquier entorno grupal particular. Sentirte conectado con los demás y con el bien común es importante para ti.

Sexual (SX)

Como su nombre indica, los instintos sexuales o íntimos priorizan la conexión de tú a tú con las personas. Se trata de crear una chispa o "química" con los demás. Ten en cuenta que la conexión no tiene por qué ser de naturaleza sexual; puede ser, y a menudo es, puramente platónica. Si tienes esto como instinto dominante, valoras la pasión, la excitación y la intimidad. Es probable que tengas una energía desbordante, que te gusten las actividades y las experiencias que te permitan establecer un vínculo con otro individuo. Quizás tiendes a buscar amistades y relaciones que te completen de alguna manera y te ofrezcan esa sensación de seguridad y protección a medida que avanza en la vida.

¿Qué instinto es el que más te llama la atención? Piensa en cómo se apilan tus subtipos en primera, segunda y tercera posición.

Agrupamiento instintivo y subtipos:

Los subtipos son otra forma de profundizar en quién eres realmente (derivado del modelo del sistema de Claudio Naranjo). Todos tenemos un apilamiento de instintos por el que uno está sobreutilizado, otro infrautilizado y otro totalmente neutro. Pueden producirse cambios en distintas fases de nuestra vida para cambiar entre el instinto neutro y el sobreutilizado (por ejemplo, cuando te enfrentas a circunstancias difíciles). Pero, en general, tendemos a apilarlos en un orden concreto que da lugar a la forma específica en que expresamos nuestro tipo de Eneagrama. Saber qué instintos impulsan tus reacciones puede ser una forma inestimable de transformar tu carácter y gestionar tu energía. ¿Por qué es útil? Porque cuando tus patrones emocionales o "pasiones" y tu impulso instintivo dominante se unen, crean un foco de atención particular que suele reflejar una necesidad insaciable única que impulsa tu comportamiento.

Estudiamos los subtipos porque reflejan los tres subconjuntos diferentes de los patrones de los nueve tipos, lo que crea aún más matices en nuestra búsqueda para describirnos y comprendernos a nosotros mismos y a los demás.

También debes saber que para cada tipo del Eneagrama hay un contratipo. Un contratipo es una forma genial de nombrar el subconjunto que va en contra de la dirección energética principal de la "pasión" para cualquier tipo de eneagrama dado. Esto es especialmente importante si tienes dificultades para identificar tu tipo de eneagrama. Las personas que no parecen encajar en ningún tipo estereotipado del eneagrama suelen tener el subtipo contratipo. Eso significa que su instinto dominante choca con el patrón emocional de su tipo de eneagrama (pasión), lo que da lugar a un comportamiento atípico. Sin embargo, hay que tener en cuenta que la motivación del individuo seguirá siendo la misma (por ejemplo, si el miedo es algo importante para ese tipo y su comportamiento estereotípico es ser fóbico, el contratipo podría chocar, haciendo que la persona se enfrente a ese miedo asumiendo riesgos audaces). Esto puede hacer que el individuo se malinterprete a sí mismo. Aun así, si vuelven al deseo básico, al miedo y a la emoción no resuelta en su centro de inteligencia, encontrarán su verdadero tipo de eneagrama aunque lo expresen de forma diferente.

CÓMO ENCONTRAR TU SUBTIPO DE ENEAGRAMA:

Ahora que entiendes el concepto básico de los subtipos, estás preparado para emprender el trabajo práctico de identificar tu subtipo. La mejor manera de hacerlo es leer primero los 27 subtipos y notar lo que resuena. También es una buena idea ser más consciente de tus tareas diarias en los próximos días. ¿Adónde va tu atención y qué cosas te importan? Cuando vayas al trabajo o a cualquier reunión social, presta atención a lo que notas y priorizas. ¿Le das mucho valor a las conexiones de uno a uno o a todo el grupo? Cuando entras en una sala, ¿te fijas rápidamente en la disposición del lugar, las señales de salida, la temperatura, los extintores, etc.? Estas pistas te muestran qué instinto es el dominante en tu vida. Aquí no hay una respuesta incorrecta o correcta. El objetivo es el autoconocimiento y el autodescubrimiento. Si sigues sintiéndote perdido y confuso, prueba a pedir a personas de confianza su opinión objetiva sobre ti una vez que hayas terminado de repasar los subtipos.

LOS SUBTIPOS DEL ENEAGRAMA TIPO UNO

Autopreservación uno: la preocupación

El deseo principal del Eneagrama Uno es ser bueno y vivir con integridad. Diseccionando los sutiles matices del SP Uno, este subtipo suele estar plagado de preocupaciones. Su temor básico es ser corrupto o malvado. Tienen un patrón de ira.

Los autoconservadores son los verdaderos perfeccionistas. Reprimen su ira mediante el trabajo duro y las reglas rígidas, todo ello en un intento de producir la perfección. Este subtipo es el que más reprime la ira y tiene la extraña habilidad de transformar el calor de la ira en calidez, lo que resulta en un carácter amistoso y benévolo, especialmente cuando opera en esos niveles saludables de desarrollo.

Algunas características del Uno de Autoconservación:

- Tendencia a ser un fanático del control de su propia vida.
- A menudo reprime la ira o el resentimiento.
- Amable y gentil cuando se encuentra en niveles de desarrollo sanos o medios.
- Se centra en la predicción del futuro.
- Se esfuerza por alcanzar la perfección en todo momento.
- Tendencia a ser demasiado duros consigo mismos.
- Se esfuerza por ser indulgente, compasivo y tolerante con los demás.

Social Uno: Inadaptabilidad

En un intento de ser bueno y gestionar el miedo a corromperse o ser malvado, este subtipo disfruta reformando y abogando por el cambio. Los Sociales se creen perfectos.

Centran su energía en ser el modelo perfecto que pueden ser haciendo las cosas "de la manera correcta". Al poseer típicamente una mentalidad de maestro, existe una necesidad inconsciente de superioridad. En expresión, su tipo de personalidad es más bien un intelecto frío con una fuerte necesidad de control. Estos Tipos son bastante rígidos, idealistas y tienden a buscar roles de liderazgo dentro de un grupo para poder mostrar al "resto" cómo hacer las cosas bien. Los Sociales pueden ser extremistas y muy críticos a niveles poco saludables, con estándares poco realistas para ellos mismos y para los demás. También son bastante tercos, discutidores y testarudos.

Sin embargo, un Social Uno es ético, concienzudo, exigente y servicial a niveles saludables.

Algunas características clave del Social Uno:

- Tendencia al idealismo.
- Opiniones y convicciones fuertes.
- Vive con el ejemplo y disfruta siendo un modelo para los demás.
- Hábil en el razonamiento.
- Tendencia a tomarse las cosas como algo personal.

Sexual Uno: Celo

A estas alturas, ya sabes que todos los Uno desean vivir con integridad y temen ser malos o corruptos. Pero, ¿cómo se ve afectado esto cuando añadimos la riqueza del subtipo sexual? Como contratipo del Eneagrama Uno, los Sexuales son idealistas y apasionados, pero su impulso se centra exclusivamente en mejorar a los demás (especialmente a su/s pareja/s) y al mundo en general. Tienden a ser más reformistas que perfeccionistas y buscan encontrar a quienes comparten sus ideales y convicciones.

A diferencia de los otros dos subtipos, este tipo Uno no teme mostrar su ira. De hecho, suelen exteriorizar su ira a través de su intenso deseo de mejorar a los demás. Poseen un fuerte sentido del derecho y creen que tienen derecho a cambiar la sociedad y a conseguir lo que quieren porque tienen una mayor comprensión de la verdad. Como contratipo del tipo Uno, este individuo expresará su carácter como más impulsivo, prepotente, irritado, exteriormente enojado, y típicamente va en contra de la tendencia "contrainstintiva" de reprimir la ira y los impulsos estereotípicamente asociados con el tipo Uno. Los Unos sexuales no saludables son controladores, celosos, prepotentes y con derechos. Incluso pueden llegar a castigarse a sí mismos de forma poco saludable para purgarse de los deseos que consideran inmorales (recuerda que la perfección moral es de gran importancia para este eneatipo). Los Sexuales Sanos son más compasivos y pragmáticos. Siguen teniendo una moral elevada, pero saben moderar sus visiones e ideales idealistas.

Algunas características del Sexual Uno:

- Idealista y apasionado.
- Decidido y valiente.
- Tendencia a la impaciencia.
- A menudo son ordenados y responsables.
- Propenso a los celos.
- Más centrados en perfeccionar a los demás que a sí mismos.

CAPÍTULO 10
SUBTIPOS PARTE 11

LOS SUBTIPOS DEL ENEAGRAMA TIPO DOS

Autoconservación Dos: Privilegio

El deseo principal del Eneagrama Dos es ser amado por lo que es. Su miedo básico es no ser queridos o amados. Tienen un patrón de orgullo. Al diseccionar los sutiles matices del tipo Dos, este subtipo es quizás uno de los más difíciles de identificar porque el orgullo no es evidente. Es el contratipo del tipo Dos, lo que significa que se comportan de forma atípica. Como tal, los Dos autoconservadores "seducen" como lo haría un niño en presencia de los adultos. Es su forma de inducir a los demás a cuidar de ellos. Un Dos autoconservador adopta una postura juvenil como forma de conseguir un trato especial más allá de la infancia. Este Dos desea ser amado, priorizado y tratado con privilegio por ser quien es, no por lo que da a los demás. En su expresión, su carácter será juguetón, encantador, irresponsable y con muy poco orgullo.

Algunas características de la Autopreservación Dos:

- Juguetón, cálido e infantil.
- Quiere que le cuiden pero teme depender de los demás.
- Tendencia a teclear mal o a aparecer como tipo Sietes.
- Idealizar a las personas, especialmente al principio de las relaciones.
- Quieren ser amados sólo porque existen.
- Comúnmente atraído por el placer y la diversión.
- Más reservado que los otros dos subtipos del Eneagrama Dos.
- El miedo al rechazo hace que este subtipo se retraiga y se sienta herido.
- Extremadamente tierna y emocionalmente expresiva.

Social Dos: Ambición

En su empeño por ser amado y gestionar el miedo a no ser querido, este subtipo disfruta identificándose y conectando con las personas influyentes de su entorno.

Los Dos sociales son seductores que se enorgullecen de ser percibidos como líderes influyentes y de conseguir la atención de su público. El orgullo es un rasgo innegable en este subtipo Dos. Como su nombre indica, este individuo desea estar "en la cima", ser querido y recibir las ventajas y beneficios correspondientes a su elevada posición. Tienden a ser bastante competitivos y menos sensibles a las emociones de los demás en comparación con los otros subtipos de este eneatipo.

Al igual que el tipo Tres del Eneagrama, los Dos Sociales quieren destacar y tener éxito. Pueden hacer todo lo posible para alcanzar sus objetivos y causar un impacto. Pero de acuerdo con el deseo central de todos los Dos del Eneagrama, las metas siguen girando en torno a ser amados, queridos e incluidos en el grupo (a diferencia del típico Tres, cuya meta es ser el máximo triunfador).

Por lo tanto, aunque los Dos sociales son generosos y afectuosos, esa benevolencia viene acompañada de expectativas. En la expresión, observará mucho orgullo y una generosidad menos altruista. Los Dos sociales poco saludables son manipuladores, explotadores y disfrutan demasiado con los cotilleos. Los Dos sanos, sin embargo, son encantadores, empáticos, cariñosos y generosos.

Algunas características del Social Dos:

- Trabajador y competitivo.
- Se esfuerza por destacar.
- Tendencia a ser más introvertido que los subtipos sexual o de autoconservación Dos.
- Pretende estar cerca de los que están en el poder.
- Menos empáticos que los otros subtipos del grupo y muy conscientes de su imagen pública.

Sexual Dos: Seducción/Agresión

A estas alturas, ya sabes que todos los miembros del Eneagrama Dos desean amar y ser amados por lo que son y tienen mucho miedo de ser abandonados o no deseados. Pero, ¿cómo se ve afectado esto cuando añadimos el subtipo sexual?

Bueno, los Dos sexuales tienden a invertir toda su energía en personas clave con la intención de forjar conexiones íntimas y apasionadas. Disfrutan prestando mucha atención a las personas y no se avergüenzan de emplear los métodos clásicos de seducción para atraer a aquellos que satisfagan todas sus necesidades.

Los Dos sexuales son agresivos en su seducción. A diferencia de los Dos autoconservadores, poseen un enfoque más adulto porque quieren que se satisfagan sus necesidades y quieren tener cierto poder.

Además de su necesidad de ganarse el afecto y la cercanía, estos individuos también son grandes oyentes y disfrutan mucho de las conversaciones íntimas sobre los problemas de un amigo o pareja. Creen sinceramente que el amor lo conquista todo, pero bajo ese exterior apasionado se esconde una ansiedad muy arraigada sobre su conveniencia. Dependen de su encanto para ganarse a los demás, recibir validación y amor como forma de solidificar su autoestima.

En su expresión, el carácter de este Dos es enérgico, irresistible, e inspira grandes pasiones y sentimientos positivos, todo ello con el único propósito de satisfacer sus necesidades en la vida. Los Dos sexuales no saludables son insistentes, exigentes y muy propensos a la posesividad, los celos y el comportamiento obsesivo. Los Dos Sexuales sanos, sin embargo, son profundamente románticos sin ningún motivo ulterior. Rezuman amor incondicional.

Algunas características de una Sexualidad Dos:

- Encantador y muy seductor.
- Se avergüenza menos de tener necesidades que los subtipos Autoconservación o Social Dos.
- Generoso y solidario.
- Tiene como objetivo formar fuertes lazos íntimos.
- Cuidar, nutrir, ser empático y amar incondicionalmente.

LOS SUBTIPOS DEL ENEAGRAMA TIPO TRES

Autopreservación Tres: Seguridad

El deseo principal del Eneagrama Tres es ser deseable y tener mucho éxito. Lo que más temen es el fracaso o un sentimiento de inutilidad sin logros. Como el contratipo del Eneagrama tipo Tres, estos individuos trabajarán duro, se esforzarán por alcanzar el éxito y buscarán encubiertamente la admiración y el reconocimiento. Aunque sienten su vanidad, se esfuerzan por ocultarla y negarla.

Los SP Tres se preocupan más por ser buenas personas, no sólo por "parecer buenos". Eso, sin embargo, no significa que no les interese ser los "mejores" en lo que hagan. En todo caso, su concepto de ser el mejor está ligado al trabajo duro y a la modestia. Poseen un fuerte código de honor y una necesidad de ser autosuficientes y trabajadores. Un Tres autosuficiente se preocupará por su imagen y cultivará virtudes que modelen las cualidades que creen que conforman un buen ser humano. También pueden combinar el éxito material con el trabajo duro e incluso el servicio a los demás.

Algunas características de los Tres de Autoconservación:

- Quiere ser el mejor en todo.
- Cree en ganarse la admiración de los demás mediante el trabajo duro.
- Suele confundirse con un Seis o un Uno.
- Evita hablar de sus logros o éxitos en la vida.
- Trabaja duro para alcanzar un cierto nivel de seguridad.

Social Tres: Prestigio

En su empeño por ser exitoso, deseable y realizado, a la vez que gestiona el miedo al fracaso o la sensación de inutilidad, este subtipo se esfuerza por mantener una imagen pública poderosa. A los Tres Sociales sólo les importa una cosa: ascender en el mundo.

Son los más competitivos y agresivos del Eneagrama tipo Tres. Los Tres Sociales se mueven por la necesidad de ser los mejores, ya sea en la escuela, en un entorno de grupo o en el trabajo. La vanidad está presente y es evidente en estos Tres, y les gusta mucho ser el centro de atención. Con mucho encanto, gran energía, concentración y deseo de lograr sus objetivos, los Tres sociales tienden a hacer las cosas bien por sí mismos y suelen poseer una mentalidad de ventas o corporativa. En niveles insanos, los Tres sociales están desesperados por recibir atención y validación de los demás. Harán todo lo posible por recibir reconocimiento y vivirán para impresionar a los demás por cualquier medio. Esto a menudo les lleva a tomar decisiones insanas e imprudentes. Por el contrario, un Tres Social es bastante inspirador a niveles saludables y más bien un visionario al que la gente le encanta seguir. Su energía, competencia y encanto hacen que la gente apoye rápidamente sus grandes visiones.

Algunas características de los Cuatro Sociales:

- Encantador.
- Muy competitivo.
- Hábil en la creación de redes y en el establecimiento de relaciones estratégicas.
- Se preocupa mucho por su imagen pública y su estatus social.
- Orientación al éxito y a los objetivos.
- Niveles de confianza elevados.

Sexual Tres: Carisma

A estas alturas, ya sabes que todos los Tres desean tener éxito y temen fracasar o ser percibidos como inútiles. Pero, ¿cómo se ve afectado esto cuando añadimos la riqueza del subtipo sexual? A diferencia de los Tres sociales, que se centran principalmente en

LA GUÍA DEL ENEAGRAMA PARA EL AUTODESCUBRIMIENTO, LA...

el éxito profesional y en ser considerados influyentes por su comunidad, los Tres sexuales están más interesados en el atractivo personal. Tienen un fuerte deseo de ser deseables, seductores y deseados por los demás, especialmente por su pareja ideal.

Los Tres sexuales no hacen alarde de su vanidad ni la niegan. En su lugar, toda su energía se destina a crear una imagen exterior atractiva e irresistible. A menudo son vistos como defensores de los demás, a los Tres Sexuales les gusta utilizar su encanto para promocionar y complacer a los demás, especialmente a aquellos a los que quieren ganar para su lado. Como resultado, sus habilidades y poder innatos suelen ser menos obvios para los demás, al igual que sus verdaderas intenciones. Es una forma más sutil de influencia porque, al final, siguen consiguiendo sus objetivos poniendo a los demás en primer lugar y haciéndoles sentir más importantes. Muchas personas confunden a este Tres Sexual con un tipo Dos debido a lo solidarios, serviciales y complacientes que son. Sin embargo, una observación más cercana revelará que este individuo está más enfocado en ser atractivo para los demás, y no necesariamente en satisfacer las necesidades emocionales de los demás.

A diferencia del Tres SP o del Tres Social, este tipo de Tres no se centra en el dinero o el prestigio. En su lugar, esa energía y deseo de logro será redirigida al atractivo y magnetismo personal. Sin embargo, debajo de todo ese atractivo exterior hay una profunda sensación de vacío. A los Tres Sexuales les cuesta mucho practicar el amor propio o reconocer sus propios puntos fuertes. Los Tres sexuales son vanidosos, narcisistas, celosos y vengativos a niveles insanos. Suelen volverse adictos a la búsqueda de encuentros sexuales para sentirse atractivos. Por el contrario, los Tres Sexuales sanos se aceptan a sí mismos, mejoran su mente y su cuerpo, se inspiran y se apoyan. Pueden centrarse en sus propios deseos y vivir con autenticidad en lugar de esconderse tras el disfraz de "apoyar a los demás".

Algunas características de los Tres Sexuales:

- Entusiasta.
- Anhela ser deseado y atractivo para los demás.
- Tendencia a complacer a las personas para conseguir lo que quiere.
- Pueden utilizar sus talentos y fortalezas para apoyar y elevar a los demás.
- Anhela ser y encontrar el amante/pareja perfecto.
- A menudo son inseguros de sí mismos pero no lo demuestran.

LOS SUBTIPOS DEL ENEAGRAMA TIPO CUATRO

Autoconservación Cuatro: Tenacidad

El deseo principal del Eneagrama Tipo Cuatro es ser auténtico en todos los sentidos posibles y encontrar su verdadera identidad. Lo que más temen es ser defectuosos y carecer de una verdadera identidad. Siendo la autopreservación el contratipo de los Cuatros, expresan su patrón de envidia a través de un comportamiento atípico. En lugar de vivir en la envidia y sentirse derrotados, los Cuatros SP se centran en ir tras sus objetos de deseo.

Los Cuatros SP sanos y medios serán persistentes, orientados a objetivos, creativos, resistentes, empáticos y muy conscientes de sí mismos. Tienen mucha resistencia y están dispuestos a tomar la iniciativa de buscar activamente la vida auténtica y la seguridad material que les falta. En lugar de aceptar ese vacío, estos individuos intentarán arreglarse a sí mismos.

Desde el punto de vista emocional, este Cuatro es probablemente más estoico ante el dolor y no comparte tanto sus sentimientos. En lugar de vivir en los celos, los Cuatro SP trabajarán duro para conseguir lo que les falta, lo que les hace ser un poco más masoquistas que melodramáticos.

Algunas características del Eneagrama Tipo Cuatro de autoconservación:

- A diferencia del resto de los Cuatros, SP Cuatro trabaja duro para conseguir las cosas que desea.
- No les gusta quejarse.
- Empáticos y compasivos consigo mismos y con los demás, especialmente con los que se encuentran en niveles de desarrollo sanos y medios.
- Quieren ser amados porque demuestran fuerza y firmeza.
- Pueden estar ensimismados y rechazarse a sí mismos si operan en niveles de desarrollo poco saludables.

El Cuatro social: La vergüenza

El Cuatro social es el clásico individualista que disfruta involucrándose y siendo sociable. Le gusta crear vínculos estrechos pero lucha contra la envidia y los celos, sucumbiendo fácilmente a estas emociones negativas. Impulsado por el deseo básico de descubrir su verdadera identidad, vivir con autenticidad y el miedo a carecer de importancia en este mundo, este subtipo lucha mucho con la vergüenza y el rechazo.

A diferencia del Cuatro SP o del Cuatro Sexual, este subtipo es mucho más sensible y se detiene mucho en sus "defectos arraigados" percibidos. Son melancólicos y a menudo se lamentan de su inferioridad y de lo diferentes que son de los demás. En un entorno de grupo, la persona se compara constantemente con los demás y muestra lo mucho que le "falta" en algo. No obstante, poseen un cierto encanto que los demás encuentran atractivo, por lo que se desenvuelven en entornos sociales. El profundo sentimiento de tristeza de este subtipo hace que utilicen el dolor y el sufrimiento como forma de atraer la atención y el afecto, con la esperanza de que atraiga a su salvador para que los rescate de su condenada existencia. En niveles poco saludables, el dolor y el sufrimiento se amplifican enormemente, y estos Cuatros sociales tienden a desempeñar el papel de víctimas todo el tiempo. Sin embargo, en niveles saludables, los Cuatros sociales son creativos, cariñosos, curiosos, profundos y empáticos.

Algunas características de los Cuatro Sociales

- Tendencia a compararse con los demás.
- Lucha por atender sus propias necesidades.
- Socialmente amables y encantadores a su manera.
- Tendencia a hacerse la víctima, especialmente en niveles poco saludables.
- Experimenta culpa por querer cosas o por querer encajar.
- Se siente como un inadaptado dondequiera que esté.
- Muy sensibles y muy centrados en sus emociones.
- Quiere reconocimiento.

Sexual cuatro: Competencia

A estas alturas, ya sabes que todos los Cuatros desean un sentido de identidad auténtica y temen no tener ningún significado o identidad en el mundo. Pero, ¿cómo se ve afectado esto cuando añadimos la riqueza del subtipo sexual? A diferencia de los Cuatro SP o los Cuatro Sociales, que a menudo se ven abrumados por la tristeza, los Cuatro Sexuales luchan principalmente contra la ira. Por ello, tienden a confundirse con los Ochos por lo intensos y emocionalmente "calientes" que parecen.

Los Cuatros sexuales niegan su sufrimiento e intentan reprimir su vergüenza. Se centran principalmente en hacer que los demás se sientan peor que ellos para intentar sentirse mejor. Por eso estos Cuatros se presentan como competitivos y dramáticos. En realidad, quieren ser los mejores y los más selectos en su esfuerzo basado en la pasión que han elegido. Este Cuatro se toma el poder de los demás como un reto personal, y su valor siempre fluctúa en función de con quién se compare. Y al igual que otros subtipos sexuales, el Cuatro sexual anhela ser el objeto de deseo de otro. Pero tienden a tener emociones encontradas, como la admiración, la envidia y el odio. En los niveles no saludables, esto será más pronunciado y, de hecho, harán todo lo posible por ser la única persona que le importa al individuo con el que están. Los cuatros sexuales no saludables pueden ser bastante salvajes y no tienen ningún problema en sabotear a otras personas para vengarse o simplemente por celos. Pueden ser arrogantes, elitistas, superiores y guardar rencor sin una buena razón. Los Cuatros Sexuales sanos son más serenos, conscientes de sí mismos, indulgentes, inspiradores y capaces de encontrar la armonía entre su mundo interior y exterior. Aprenden a aceptar tanto su individualidad como sus emociones, incluso las más oscuras, y encuentran mejores formas de manejarlas en lugar de exteriorizarlas en arrebatos de ira o de ofenderse.

Algunas características de los Cuatro Sexuales:

- Envidia y celos por el éxito de los demás.
- Muy competitivo.
- Lucha profundamente con los sentimientos de inferioridad y anhela sentirse superior a los demás.
- Romántico e individualista
- Muy creativo e imaginativo.
- Más asertivo que los Cuatros SP y los Cuatros Sociales.

- Tendencia a exteriorizar su sufrimiento a través de la ira.

LOS SUBTIPOS DEL ENEAGRAMA TIPO CINCO

Autopreservación Cinco: Castillo

El deseo principal del Eneagrama Tipo Cinco es ser competente y tener conocimientos. Temen la incompetencia y la falta de recursos adecuados para mantener su independencia. Cuando este tipo de eneatipo se combina con el instinto de autoconservación, hace que construyan gruesos límites y se aíslen para proteger su energía y recursos. De ahí el término "castillo", porque el comportamiento expresado es el de crear un pequeño santuario de su propia cosecha.

Los Cincos SP son los menos expresivos de los tipos Cincos y hacen todo lo posible por vivir dentro de los límites de sus recursos para poder seguir siendo completamente autosuficientes. Esta necesidad de tener suficientes provisiones detrás de los muros de su castillo puede conducir a veces a la acumulación y hacer que estos individuos sean muy tacaños y distantes. Los Cincos sanos respetan el espacio y las necesidades de los demás y no toman nada de los demás sin dar nada a cambio. Los Cincos no sanos son tacaños y no están dispuestos a abrirse a los demás.

Algunas características del Eneagrama Cinco de autoconservación:

- Típicamente introvertido.
- Tendencia a ver el mundo como hostil, intrusivo y abrumador.
- Intensamente privado.
- Luchar con sus emociones y comprenderlas.

- Tendencia a poner muchos límites entre ellos y el mundo exterior.

El Cinco social: Tótem

En su esfuerzo por estar bien informado, ser competente y controlar su miedo a depender de los demás o a la falta de recursos, este subtipo busca convertirse en un maestro en su campo y ser la persona a la que acudir en un tema concreto. Los Cinco Sociales encuentran su sentido de pertenencia siendo muy competentes y apoyando a los que necesitan ayuda académica. La mayoría de sus interacciones sociales se producen con personas que se sienten atraídas por sus temas de interés, que suelen ser científicos, filosóficos o educativos de algún otro modo.

Aunque los Cinco sociales se relacionan con otros en un grupo, siempre es a través de intereses comunes basados en el conocimiento y los valores compartidos más que en la conexión emocional. Son apasionados y están ávidos de conocimiento y de comprender el sentido de la vida. Aunque estos Cincos son más sociales que el resto de los Cincos del Eneagrama, siguen odiando las conversaciones triviales, los cotilleos o cualquier cosa que desperdicie sus preciosos recursos mentales o físicos. Los cincos sociales son condescendientes, antisociales y están fuera de contacto con la realidad en niveles poco saludables. Por el contrario, los cincos sociales sanos son observadores, dignos de confianza, imparciales, lógicos, auténticos y muy informados.

Algunas características de los Cinco Sociales:

- Quieres convertirse en alguien importante.
- Prefieren interactuar y relacionarse con personas a las que admiran intelectualmente.

- Socializar con personas que comparten los mismos ideales.
- Muy idealista.
- Impulsado a descubrir el sentido último de la vida.

El Cinco sexual: Confianza

A estas alturas, ya sabes que todos los Cinco desean el conocimiento y la independencia y temen ser incompetentes. Pero, ¿cómo se ve afectado esto cuando añadimos la riqueza del subtipo sexual? Los Cincos sexuales son apasionados, intensamente imaginativos, e incluso pueden poseer una vena romántica como el contratipo del Eneagrama Cinco. Les encanta crear utopías mentales y visiones de las parejas ideales. Los Cincos sexuales anhelan una unión mística (una fusión con alguien que resulte en un amor incondicional). Cuando encuentran esa conexión, son como un libro abierto. Para el mundo exterior, sin embargo, el Cinco Sexual seguirá siendo un misterio, pero para su pareja elegida, son transparentes, cariñosos y comparten todos sus secretos.

Los Cinco sexuales son los más sensibles emocionalmente de los Cinco. Aunque puedan parecer reservados y analíticos como los demás, en el fondo, los Cinco sexuales son emocionalmente intensos y románticos. ¿Son un poco extraños? Claro, pero para aquellos que pueden aceptar sus formas excéntricas, estos individuos son fantásticos. Sin embargo, si los Cinco Sexuales se sienten incomprendidos o poco apreciados, retroceden rápidamente y desaparecen. En niveles poco saludables, se aíslan, son imposibles de complacer y son propensos a realizar experimentos sexuales peligrosos. Por el contrario, los Cinco Sexuales sanos son cariñosos, auténticos, visionarios, sabios y están en constante aprendizaje y crecimiento.

Algunas características de los Cinco Sexuales:

- Profundamente imaginativo.
- Lado romántico y sensible que no está del todo presente en los otros subtipos Cinco.
- Innovador y perspicaz.
- Tendencia a la exuberancia de las fantasías.
- Valora las conexiones uno a uno.
- Quiere encontrar la relación ideal.

CAPÍTULO II

SUBTIPOS PARTE III

LOS SUBTIPOS DEL ENEAGRAMA TIPO SEIS

Autoconservación Seis: Calidez

El deseo principal del Eneagrama Tipo Seis es tener seguridad y orientación. Temen no estar preparados para afrontar una situación o carecer del apoyo adecuado. El Seis de autoconservación es el más "fóbico" de todos los demás Seis. Expresan su miedo buscando protección a través de alianzas amistosas y protectoras. Este Seis se esfuerza por ser cálido, amistoso y digno de confianza, pero debajo de esa conducta hay una profunda ansiedad. Se centran en las relaciones como medio para garantizar la sensación de seguridad que necesitan en el mundo, pero les preocupa constantemente perder esa alianza, ser rechazados y estar solos. Un Seis autoconservado a menudo se atascará en el análisis-parálisis porque duda demasiado de sí mismo y de los demás, especialmente en niveles de desarrollo poco saludables. Sin embargo, los Seis SP sanos tienden a confiar más en sí mismos y a sentirse conectados con el mundo que les rodea. Irradian serenidad y seguridad, que provienen de su interior.

Algunas características de los Seis autoconservados:

- Escéptico y dubitativo (aumenta exponencialmente en niveles de desarrollo poco saludables).
- Cálido y amigable, especialmente en los niveles de desarrollo sano y medio.
- Tiende a confundirse con el Eneagrama Tipo Dos.
- Orientado hacia las relaciones y los vínculos personales como mecanismo de supervivencia.
- Teme defraudar a la gente.
- Siente mucha responsabilidad y culpa cuando las cosas van mal.

Social Seis: El deber

En un intento de sentirse seguros y protegidos al mismo tiempo que gestionan su miedo a no estar apoyados ni preparados, este subtipo se preocupa mucho por encontrar una comunidad o grupo en el que puedan encajar y sentirse seguros y protegidos.

Los Seis sociales son leales, obedientes y se preocupan mucho por sus compromisos dentro del grupo. Les gusta seguir las reglas y directrices que ofrecen una forma de autoridad protectora. Los Seis sociales quieren sentir que forman parte de algo más grande que ellos mismos y están dispuestos a sacrificarse por esa experiencia. Tienden a pensar más en cómo reaccionarán los demás a sus elecciones y decisiones en la vida, lo que a menudo promueve el análisis-parálisis en su toma de decisiones.

Los Seis sociales se sienten más cómodos cuando están rodeados de personas con ideas afines en una comunidad en la que todos se ayudan mutuamente y quieren lo mejor para el conjunto.

Expresan su miedo en forma de ansiedad y no soportan la incertidumbre, por lo que tratan de manejar estas emociones mediante razonamientos abstractos e ideologías. Un Seis social se centra en la precisión y la eficacia en todos sus esfuerzos. Los Seis sociales son controladores, impacientes, sentenciosos y autocríticos a niveles poco saludables. Tienen un comportamiento pasivo-agresivo y suelen cuestionar sus propias creencias. Sin embargo, un Seis social sano es valiente y confía más en sus propios pensamientos, ideas y creencias. Son leales, dedicados y llenos de integridad.

Algunas características de los Seis Sociales:

- Tendencia a buscar reglas y estructuras que los guíen.
- Puntual y preciso.
- Prefieren confiar en la autoridad para obtener protección y orientación.
- Tratar de entender y cumplir su papel dentro de una estructura de grupo.
- Tendencia a convertirse en un fanático de su sistema de creencias, especialmente en los niveles de desarrollo más bajos e insalubres.

El Seis sexual: Belleza/Fuerza

A estas alturas, ya sabes que todos los Seis desean seguridad, protección, orientación y temen carecer de apoyo o guía de la autoridad. Pero, ¿cómo se ve afectado esto cuando añadimos la riqueza del subtipo sexual? Como el país del Eneagrama Seis, este subtipo se enfrenta a los miedos subyacentes convirtiéndose en personas agresivas que asumen riesgos. Los Seis sexuales adoptan la mentalidad "yo contra el mundo". Hacen todo lo posible para luchar contra sus miedos y casi nunca bajan la guardia. Los Seis Sexuales creen que la mejor defensa es un buen ataque, e intentan vivir con esa mentalidad. Debido a su constante desconfianza y al miedo a ser engañados, puede parecer que siempre están a punto de explotar.

Este Seis cree en la preparación y el desarrollo de habilidades como forma de evitar tanto la ansiedad como a sus enemigos, por lo que se esfuerza por parecer bueno y sentirse poderoso. Lo hacen aumentando su fuerza, tanto emocional como física. A menudo se someten a deportes extremos que aumentan su resistencia. En niveles poco saludables, son erráticos, combativos, dominantes, depresivos y pueden arremeter violentamente contra los demás. Suelen estar obsesionados con vigilar a sus supuestos enemigos en busca de cualquier señal de ataque. Los Seis sexuales sanos son más tranquilos, valientes, protectores, fiables y autosuficientes.

Algunas características de los Seis Sexual:

- Tendencia a la impulsividad.
- A menudo es contraria.
- Extremadamente leal y fiable, especialmente en niveles de desarrollo saludables.
- Se esfuerza por ser físicamente fuerte y atractivo.
- Tendencia a correr hacia el miedo para combatirlo.
- A menudo se confunde con el tipo ocho del Eneagrama.

LOS SUBTIPOS DEL ENEAGRAMA TIPO SIETE

Siete autoconservadores: Los guardianes del castillo.

El deseo principal del eneagrama tipo Siete es la libertad y la felicidad. Temen el dolor, la negatividad, el sufrimiento o perderse la vida. También les aterra sentirse atrapados en situaciones, relaciones, etc., que puedan hacerles perder su sentido de la libertad y la aventura. El matiz añadido como Siete autoconservador es que buscarán seguridad y protección en las cosas materiales y en las oportunidades de establecer contactos.

Los Siete SP son excelentes para establecer alianzas que sean ventajosas para su bienestar. El placer es algo que les encanta y parece que se salen con la suya en el trato con la gente, quizás debido a su naturaleza alegre y carismática. Un Siete autoconservador sano es pragmático y se conforma con lo que tiene, pero los Siete SP poco saludables tienden a ser exigentes, codiciosos e incluso manipuladores.

Algunas características del Eneagrama Siete de autoconservación

- Práctico y realista.
- Muy oportunista.
- Encantador y hablador.
- Hábil en la creación de redes.
- Gran sentido del humor.
- Disfrutar de las mejores y más novedosas cosas materiales.

Social Siete: Sacrificio

En un intento de perseguir su deseo de libertad y felicidad mientras suprimen su miedo al dolor o a ser enjaulados, este subtipo es el más idealista de los Siete. También son el contratipo del grupo, lo que significa que muestran el comportamiento opuesto al que suele expresar un Siete. Así, mientras que los demás Sietes sucumben a la glotonería, un Siete social suele ser altruista y centrarse en ayudar a los demás.

Son muy conscientes de su tendencia a explotar a los demás y se esfuerzan por purificarse de este paradigma sacrificando sus propias necesidades para apoyar a los demás. Su pasión es ser percibidos como buenos al hacer sacrificios personales. Un Siete social expresará entusiasmo e idealismo como forma de hacerse sentir valorado y activo en el mundo, demostrando que puede arreglárselas con muy poco. A menudo son visionarios, ven muchas oportunidades nuevas y disfrutan encontrando amigos y consejeros que comparten sus intereses y su entusiasmo. La mayoría de los Sietes sociales se posicionan en funciones que les permiten trabajar con otros para perseguir una causa que les entusiasma. Eso no elimina su afán por perseguir diversas cosas y adquirir más conocimientos. A veces, su velocidad puede ser demasiado irreal para los demás miembros del grupo. Esto puede causar una tensión, ya que el Siete Social se vuelve impaciente y puede incluso considerar la posibilidad de "seguir adelante" para hacer las cosas por su cuenta.

En niveles poco saludables, la impaciencia y la inquietud son elevadas. Se vuelven irresponsables, nunca terminan ningún proyecto que comienzan y dispersan su energía por todas partes mientras saltan de una cosa a otra. Sin embargo, en niveles saludables, los Sietes Sociales son audaces, visionarios, aventureros, resistentes y dedicados a su objetivo elegido. Han aprendido a domar a su niño interior y saben encontrar la libertad en los compromisos.

Algunas características de los Siete Sociales:

- Idealista.
- Entusiasta.
- Servicial y generoso.
- Visionario.
- Teme ser excesivo o indulgente.
- Ansía la admiración.
- Capaz de asumir grandes responsabilidades.

El Siete sexual: Sugestionabilidad

A estas alturas, ya sabes que todos los Sietes desean libertad y felicidad y temen perderse o sentirse atrapados. Pero, ¿cómo se ve afectado esto cuando añadimos la riqueza del subtipo sexual? Los Sietes sexuales no tienen reparos en expresar su gula y lo hacen imaginando algo mejor que su realidad actual. Son soñadores románticos con una pasión por vivir en sus estados imaginados. Algunos los califican de excesivamente ingenuos y sugestionables porque tienden a ver el mundo con gafas de color de rosa. Siempre optimistas y desenfadados, para un Siete sexual todo es posible. Su principal objetivo es experimentar tantas fantasías placenteras como sea posible. Se sienten rápidamente atrapados y abrumados por las rutinas mundanas de la vida, por lo que intentan crear más emoción a su alrededor. Esto les hace ser a menudo inquietos e impulsivos, embelleciendo la vida cotidiana sólo para que parezca más embriagadora. Los Sietes Sexuales son inconstantes, temerosos del compromiso y propensos a caer en planes descabellados a niveles poco saludables. Los Sietes Sexuales sanos, en cambio, son alegres, entusiastas, imaginativos, esperanzados y productivos. Han aprendido a contentarse con la vida cotidiana.

Algunas características de los Siete Sexuales:

- Pasa más tiempo fantaseando que en la realidad.
- Confianza y esperanza.
- Tendencia a saltar de una actividad a otra.
- La búsqueda constante de la siguiente cosa nueva, emocionante y extraordinaria que aporte más placer y magia a su vida.
- Idealista y muy imaginativo.

LOS SUBTIPOS DEL ENEAGRAMA TIPO OCHO

Autoconservación ocho: Satisfacción

El deseo del Eneagrama Tipo Ocho es tener el control y la autonomía. Lo que temen es ser controlados por otros. Cuando se trata de los matices de un Ocho autoconservador, son prácticos y están dispuestos a hacer lo que sea necesario para asegurar que se satisfagan sus necesidades. Eso les hace ser bastante agresivos en algunos casos. A estos Ocho les gusta dejar de lado las formalidades y las sutilezas e ir directamente al grano.

Los Ochos autoconservadores expresan su lujuria centrándose en sus necesidades y en las de sus seres queridos. Necesitan satisfacer sus necesidades materiales al instante y no manejan muy bien la frustración o la decepción. Los Ochos SP son los menos expresivos del grupo y suelen buscar símbolos de poder e impacto como coches de lujo, casas bonitas, etc. Los Ochos SP poco saludables pueden convertirse rápidamente en matones egoístas e impacientes que no se detienen ante nada para conseguir lo que quieren. Por otro lado, los Ochos SP sanos son fuertes, protectores de los demás y disfrutan motivando a los demás para que alcancen sus sueños.

Algunas características del Eneagrama Ocho de autoconservación:

- Práctico y realista.
- Directos en su comunicación.
- Trabajador y muy productivo.
- Exuda una fuerza silenciosa.
- Siempre va por lo que quiere.

El Ocho social: Solidaridad

En un intento de perseguir su deseo de autonomía y de tener un control total, a la vez que gestionan su miedo profundamente arraigado a ser vulnerables y a perder el control, este subtipo es el más intelectual entre los Ocho del Eneagrama. Como contratipo de los Ochos, estos individuos se presentan como cálidos y más suaves que los otros dos subtipos. Valoran profundamente las relaciones armoniosas y las amistades. Una vez establecida la lealtad, van más allá por sus amigos, cuidándolos y protegiéndolos contra cualquier amenaza. Les gusta ocuparse de sus propias necesidades, llevando una vida de intensa acción, diversas actividades y un mínimo de tiempo de inactividad para el autocuidado. A diferencia del típico Ocho, un Ocho social suele ser menos agresivo y realmente más servicial. En niveles poco saludables, los Ocho sociales son antisociales. Se vuelven autodestructivos, imprudentes y no ven el daño que causan a los demás. Por el contrario, los Ochos sociales sanos son carismáticos, impulsados por sus objetivos, intrépidos, autosuficientes y apasionados por cuidar y proteger a sus seres queridos.

Algunas características de un Ocho Social:

- Simpático y carismático.
- Disfruta debatiendo con los demás.
- Persigue la aventura y la emoción.
- Se mantiene ocupado con diferentes tipos de proyectos.
- Defiende a los demás.

Sexual Ocho: Posesión

A estas alturas, ya sabes que todos los Ocho desean el control y la autonomía, y que temen ser vulnerables o controlados por otros. Pero, ¿cómo se ve afectado esto cuando añadimos la riqueza del subtipo sexual? Los Ochos sexuales son los más rebeldes de los Ochos y odian naturalmente las reglas. Estos Ochos son intensos, encantadores y les encanta tener control e influencia. En lugar de buscar la seguridad material como un Ocho SP, un Ocho sexual prefiere obtener "poder" sobre las cosas y las personas. Su objetivo es ser poderoso y dominar todo su entorno. Aunque pueden ser cariñosos y entregados, tienden a luchar con la intimidad, ya que la ven como un riesgo que podría dar el control y el poder a otros. A los Ochos sexuales les gustan los retos y no les asusta ser directos, aunque eso les lleve al conflicto y a la confrontación. Los Ochos sexuales son posesivos, celosos, dominantes y controladores a niveles poco saludables. Los Ochos sexuales sanos son todo lo contrario. Son autosuficientes, indulgentes y protectores de los demás, casi hasta el punto de ser heroicos.

Algunas características de los Ochos Sexuales:

- Más emocional que el SP Ocho y el Social Ocho.
- Pragmático y emprendedor.
- Rebelde y antiautoritario.
- A menudo percibe la intimidad como una lucha por el control.
- Exige la lealtad de los seres queridos.
- Se esfuerza por alcanzar el placer.
- Orientado a la acción más que a la reflexión.

LOS SUBTIPOS DEL ENEAGRAMA TIPO NUEVE

Nueve de autopreservación: Apetito

El deseo principal del Eneagrama Tipo Nueve es la paz interior y la estabilidad. Lo que más temen es el conflicto y la fragmentación, especialmente a nivel interno. Todos los tipo Nueve expresan la pasión por la pereza. Los Nueve autoconservadores se preocupan más por buscar seguridad y comodidad en el mundo material. Son prácticos y orientados a la rutina, y prefieren centrarse en las cosas cotidianas en el momento presente antes que en el idealismo o las distracciones. Los libros, los programas de televisión, la buena comida, el descanso y la relajación son muy atractivos para este Nueve, por lo que invierten su energía en estas actividades. Algunos tienen bastante talento, pero su concentración en las recompensas menores inmediatas suele impedirles perseguir algo grande. En niveles poco saludables, los Nueve SP son apáticos y se cierran emocionalmente. Se enganchan a las comodidades de su creador y hacen oídos sordos a todo lo demás en su entorno. Sin embargo, en niveles sanos, son pacíficos, desinteresados, sensatos y pacientes.

Algunas características de los Nueve de Autoconservación:

- Le gustan las rutinas predecibles.
- Prefiere y busca las comodidades físicas.
- Amantes de la diversión y de la aceptación de sí mismos y de los demás.
- A veces, la comida y la bebida se utilizan como supresores de la ansiedad.
- Prefiere centrarse en el mundo real y concreto.

Social Nueve: Participación

En la búsqueda de la paz interior y la estabilidad, mientras gestiona el miedo al conflicto, la desconexión del Ser y la fragmentación, este subtipo es conocido por ser influyente, solidario y por entregarse a los demás sin reservas. Nada significa más para un Nueve social que formar parte de un grupo significativo. Como el contratipo de los Nueve, los Nueve Sociales son alegres con un exterior cálido. Les gusta participar y dar prioridad a las necesidades de los demás por encima de las suyas. Esto se debe a que debajo de toda esa entrega hay un miedo al abandono y a la exclusión.

Los Nueve sociales son los que más disfrutan de la fusión con los grupos y se esfuerzan por ser el personaje amante de la diversión, amistoso y que mantiene la paz en los distintos grupos a los que se unen. Existe un sentimiento subyacente de inseguridad respecto a su autoestima, lo que a menudo les lleva a "complacer a la gente" en un intento de encajar. En niveles poco saludables, los Nueve Sociales son necesitados, inseguros, no están en contacto con ellos mismos y tienden a caer en la depresión. Por el contrario, los Nueve Sociales sanos son enérgicos, reflexivos, no juzgan y son extremadamente amables.

Algunas características del Nueve Social:

- Da generosamente y sin condiciones.
- Anhela encajar.
- Tendencia a trabajar en exceso o a excederse en el grupo.
- Alegre y amigable.
- Prioriza las necesidades del grupo por encima de las propias.

Sexual Nueve: Fusión

Ya sabes que todos los Nueve desean la paz interior y temen la inestabilidad o el conflicto internos. Pero, ¿cómo se ve afectado esto cuando añadimos la riqueza del subtipo sexual? Los Nueve sexuales expresan su patrón de pereza fusionándose con las personas importantes de su vida. Sin saberlo, este Nueve adoptará las actitudes, opiniones y sentimientos de los demás. Aunque son personajes amables y gentiles que suelen carecer de asertividad, esta incapacidad para mantenerse en su propia identidad tiende a ser contraproducente a largo plazo. Suelen vivir sus sueños y fantasías a través de los demás y pasan la mayor parte de su tiempo imaginando su futuro con otras personas, pero nada más allá de eso. Su ira se desata con facilidad si su relación con ese otro significativo se ve amenazada, lo que sorprendentemente les convierte en el tipo descarado y pasivo-agresivo. Aunque la relación con la que se fusionan suele ser íntima, como con un cónyuge, también puede ser con un mejor amigo o con Dios. Los Nueve Sexuales están tan atados a otro individuo que se vuelven descuidados, reprimidos, codependientes y propensos al resentimiento en niveles poco saludables. Los Nueve Sexuales sanos, sin embargo, son empáticos, reconfortantes, pacíficos y aman desde un lugar de su propia y verdadera conexión e identidad personal. Han hecho el duro trabajo de erradicar la tendencia a fusionarse con la identidad de otro y vivir desde su verdadera personalidad.

Algunas características de los Nueve Sexuales:

- Tendencia a la falta de sentido del Yo, especialmente en aquellos niveles de desarrollo poco saludables.
- Empático y emocionalmente consciente.
- Tendencia a fundirse dentro de las relaciones y a perder el sentido del Yo.
- Amable, pacífica, y genuinamente amorosa.
- Siempre da prioridad a las necesidades de los demás.
- Calmado, equilibrado y con una poderosa presencia que puede ofrecer una sensación de confort y curación a los que están cerca.

El sistema del Eneagrama es realmente una gran cantidad de información que a veces puede resultar abrumadora. Puede parecer un poco abrumador cuando te encuentras por primera vez con estos conceptos, desde los tipos estándar del Eneagrama hasta las tríadas, las alas y ahora los subtipos. Sin embargo, entiende que todos estos aspectos diferentes son matices que están destinados a añadir riqueza a tu comprensión de ti mismo. Al pasar por los subtipos en esta sección, espero que hayas desarrollado más conciencia y comprensión de por qué navegas por la vida como lo haces y por qué otra persona en tu mismo eneatipo parecerá tan radicalmente diferente. Cuanto más te entiendas a ti mismo, más fácil te resultará entender a los demás. Hablando de eso, es hora de empezar a aplicar tus conocimientos sobre el Eneagrama de forma práctica, empezando por las relaciones existentes.

PARTE TRES
PROFUNDIZACIÓN DE LAS RELACIONES

CAPÍTULO 12

CULTIVAR RELACIONES SANAS

Las relaciones son una parte integral de nuestro bienestar mental, emocional y físico. Las investigaciones demuestran ahora que tener relaciones sanas y fuertes puede contribuir a una vida larga, sana y feliz. Por el contrario, hay pruebas convincentes de que estar aislado o solo en la vida es comparable a los riesgos asociados con la obesidad, la presión arterial y el tabaquismo. Un porcentaje importante de personas que buscan por primera vez ayuda en el Eneagrama suelen estar impulsadas por la necesidad de mejorar sus relaciones personales o profesionales. Así que en este capítulo nos centraremos en cómo puedes mejorar tus relaciones personales. En el próximo capítulo, nos centraremos en las relaciones laborales.

POR QUÉ SON IMPORTANTES LAS RELACIONES SANAS

Una revisión de 148 estudios reveló que las personas con relaciones sociales sólidas tienen un 50% menos de probabilidades de morir prematuramente (Kreitzer, RN, Ph.D.). Y eso no es todo. Estar en una relación sana y comprometida está relacionado con una menor producción de cortisol (una hormona del estrés) y una curación más rápida. Los estudios demuestran que la recuperación de una enfermedad o procedimiento es más rápida en las parejas de larga duración que en los pacientes solteros. Por supuesto, no se trata sólo de sobrevivir a los momentos difíciles. También se trata de cultivar buenos hábitos juntos y, de nuevo, tener una relación sana está ligada a un estilo de vida saludable. Piénsalo: si tienes una relación con un amante o un mejor amigo que ocupa todo tu tiempo libre y que se dedica a comer sano, hacer ejercicio y desarrollar su mente, es más probable que tú también adoptes esos hábitos. Es mucho más fácil adoptar nuevos hábitos saludables cuando las personas que te rodean hacen lo mismo. Así que no se puede negar que las relaciones influyen en nuestro estilo de vida, y la calidad de esa relación afecta a nuestro bienestar. La autora Brené Brown explica: "Un profundo sentimiento de amor y pertenencia es una necesidad irreductible de todos los hombres, mujeres y niños. Estamos biológicamente, cognitivamente, físicamente y espiritualmente cableados para amar, ser amados y pertenecer".

¿Puede el Eneagrama ayudar realmente?

Kaley Warner comparte abiertamente cómo el Eneagrama le ayudó a salvar su matrimonio. Escuchémoslo de sus propias palabras.

"Estaba recién casada. Me había mudado a Nueva Jersey y tenía problemas. Mi marido estaba en un programa de doctorado y yo me sentía aislada. Había dejado a todos mis amigos y la perspectiva de hacer otros nuevos me parecía desalentadora. Mi marido y yo tuvimos un accidente de bicicleta, y el peaje físico y mental de aquellos manillares enredados pesaba mucho sobre nosotros. Su energía había desaparecido. Escapaba de mi dolor trabajando más y viajando. Cuanto más crítica y exigente me volvía con él, más se

alejaba. Estábamos llegando a un punto muerto. Recuerdo que le dije a una amiga que él no era el hombre del que me enamoré y con el que me casé. Estoy segura de que yo tampoco era la mujer con la que él quería compartir su vida. Ese invierno, mientras estaba en casa para las vacaciones, mi madre sugirió que asistiéramos a la misma formación sobre el Eneagrama a la que ella y mi padre habían asistido unos años antes. No recuerdo los detalles de cómo lo hizo, pero tanto Nate como yo pensamos que era nuestra idea ir, y nos inscribimos. En una pequeña sala de Atlanta, mientras Russ Hudson describía cada uno de los Tipos de Eneagrama y la complejidad del sistema, sentí que me recordaban algo que ya sabía. Todos, dijo, tenían sentido. El Eneagrama describía patrones de comportamiento de las personas que había visto en mi vida mejor que cualquier otra cosa que hubiera aprendido. Cuando llegó al Tipo 1, mi marido se rió al reconocerlo. Y yo lloré. Russ puso palabras a la experiencia invisible de mi vida. Explicó mi crítica interior y mi afán de perfección de una manera que no me hizo sentir juzgada sino comprendida. Salieron a la luz todos mis intentos de mejorar nuestro matrimonio que, en cambio, nos habían estado separando. Me había estado esforzando mucho pero creando el resultado contrario. A medida que aprendía sobre mi personalidad, surgió una gracia para mí que no había experimentado antes. Cuando Russ llegó al tipo de Nate, ocurrió lo mismo, sólo que al revés. Me reí, comprendiendo los comportamientos que justo el día anterior me habían enfadado. Y Nate lloró, al tener su experiencia interna articulada de tal manera que ahora compartíamos un vocabulario para discutir lo que había estado sucediendo. Pasamos el resto del entrenamiento conversando en profundidad sobre nuestros tipos, sobre cómo nos habíamos desencadenado mutuamente y sobre cómo podíamos apreciar a la otra persona en lugar de perdernos en el conflicto."
Kaley Warner Klemp

CÓMO EL ENEAGRAMA TE AYUDARÁ A PROFUNDIZAR Y SANAR TUS RELACIONES

Como en la historia anterior, el Eneagrama funciona porque es una herramienta perfecta para la comunicación con el otro. A medida que te comprendes a ti mismo y a la otra persona, puedes utilizar un lenguaje común para abordar los conflictos existentes, señalar los factores desencadenantes y los hábitos poco saludables, y aprender de verdad a ver el mundo a través de la lente del otro. Así que si has tenido problemas con las relaciones en el pasado o si ni siquiera sabes qué tipo de relación sería la adecuada para ti, es hora de comprender cómo tus puntos fuertes y débiles afectan a tus relaciones personales. Asume la responsabilidad de la energía que aportas a cualquier relación y las cosas cambiarán a mejor. Si lo utilizas adecuadamente, las ideas que aprendes en este libro te ayudarán de forma natural a cultivar relaciones saludables.

ENEAGRAMA TIPO 1 - EL PERFECCIONISTA EN LAS RELACIONES

Los del Tipo Uno son rigurosos con las reglas y con hacer las cosas de la manera correcta. Alcanzar la perfección es un gran factor impulsor, y estos individuos saben lo que quieren en todo momento. En las relaciones, los Uno son leales, dedicados y quieren que la relación avance en una dirección específica.

Si tú eres del tipo Uno, quizá notes que surgen fricciones al tratar con tipos más ambiguos y menos interesados en la estructura. Eres increíblemente organizado, tiendes a ver el mundo en tonos de blanco y negro y eres inflexible en tu fuerte código moral.

Tus puntos fuertes son la fidelidad, la conciencia y el crecimiento personal.

Tus puntos débiles en las relaciones son ser demasiado crítico, controlador e intransigente. Es posible que pongas demasiadas expectativas en tu pareja. En un intento de que todo sea perfecto, podrías abrir una brecha entre ustedes.

Cómo mejorar:

Para sacar lo mejor de ti y de los demás, acepta un poco de espontaneidad, juego y creatividad. Dile a tu pareja o amigo lo que necesitas en lugar de esperar que te lea la mente. Encuentra formas de relajarte y pulsa el botón de repetición de tus normas de vez en cuando, especialmente en cosas que sabes que alegrarán a tu pareja, amigo, hijo, etc. Por ejemplo, deja que tu hijo se tome un helado antes de cenar si se ha portado bien todo el verano, y permite que tu pareja te sorprenda con una escapada de fin de semana no planificada. No pasa nada si te pierdes y pierdes una reserva en tu restaurante favorito.

Lo que necesitas:

Como Uno, necesitas un compañero que te anime a ser un poco más juguetón y relajado. Alguien que pueda añadir un poco de espontaneidad a tu vida de forma que te guste. Alguien que entienda y respete tu necesidad de perfección y reglas, pero que facilite la diversión en su relación.

ENEAGRAMA TIPO 2 - EL DADOR EN LAS RELACIONES

Los del tipo Dos son cuidadores, ayudantes y les encanta apoyar a los demás. En las relaciones, ponen a los demás en primer lugar, aunque sea a costa de sus propias necesidades.

Si eres un tipo Dos, quizás te hayas dado cuenta de que te resulta más fácil dar amor y atención a otro, pero no es tan fácil proporcionarte lo mismo a ti mismo. Quiero recordarte que nunca se puede servir de una copa vacía. Cuanto más te llenes tú primero, más naturalmente tendrás para dar a los que te importan.

Entre tus puntos fuertes está el saber hacer que la gente se sienta querida y apreciada.

Entre tus puntos débiles en las relaciones se encuentra el volverte posesivo y demasiado dependiente de tu pareja. También puede ser que te cueste cuidar de ti mismo.

Cómo mejorar:

Para sacar lo mejor de ti y de los demás, resiste el impulso de arreglar los problemas de todos. A veces hay que sentarse y dejar que los demás resuelvan sus problemas. Y asegúrate de dar prioridad al cuidado personal y, cuando sea necesario, ponte a ti mismo en primer lugar, incluso si eso significa decir no a la petición de otro. Los que te quieren apreciarán y respetarán tu decisión de atender primero tus propias necesidades.

Lo que necesitas: Como Dos, necesitas una pareja que te respete, aprecie y demuestre lo mucho que te quiere tal y como eres. Tu pareja romántica debe animarte a crear límites saludables y a ocuparte de tu propio bienestar emocional.

ENEAGRAMA TIPO 3 - EL TRIUNFADOR EN LAS RELACIONES

Como tipo Tres, puedo decir que dedicamos mucho tiempo y energía a la carrera, los logros, el éxito y la construcción de un legado. En las relaciones, los Tres quieren ser apreciados por su duro trabajo y sus logros. A veces esto puede ser demasiado extremo hasta el punto de la negligencia emocional, lo que conduce a patrones de comportamiento poco saludables.

Quiero recordarte que puedes tener relaciones prósperas y una carrera exitosa. Si eres un Tres, tal vez te estés dando cuenta ahora de lo obsesivo que puedes llegar a ser con tu trabajo y tus logros. Sólo tienes que darte cuenta de que tu valor no está ligado a tus logros. Las personas que te quieren te querrán por lo que eres si puedes dedicarles un poco de tiempo para estar presente.

Tus puntos fuertes son la energía, el carisma, la creatividad y el afán por cumplir las expectativas de los demás.

Tus puntos débiles en las relaciones son la impaciencia, el ensimismamiento, el despiste y el estar demasiado centrado en tu carrera a expensas de tus relaciones personales.

Cómo mejorar:

Encuentra la manera de estar ahí para las personas que te quieren y que quieres alimentar en tu vida. Es posible luchar por el éxito, satisfacer tus necesidades emocionales y pasar tiempo con tus seres queridos. Personaliza un plan que funcione para tu situación particular y, en la medida de lo posible, ten un tiempo de inactividad en el que puedas desconectar del estrés laboral y simplemente divertirte con los que te quieren.

Lo que necesitas:

Como Tres, necesitas una persona que te anime y apoye a la hora de atender tus necesidades emocionales. Una pareja romántica que te ayude a desconectar y te dé razones de peso para poner el trabajo en silencio durante un rato y simplemente conectar con el otro.

ENEAGRAMA TIPO 4 - EL INDIVIDUALISTA EN LAS RELACIONES

El Tipo Cuatro es un tipo sensible y creativo que se preocupa más por vivir con autenticidad que por encajar en la sociedad. En las relaciones, quieren ser comprendidos y apreciados por su singularidad e individualidad.

Si tú eres un tipo Cuatro, es hora de dejar de lado esta tensión que te hace sentirte solo, incomprendido e intrínsecamente defectuoso. Eso no significa que todo el mundo "te entienda". Significa que algunos lo harán, y es esencial permanecer lo suficientemente abierto y positivo para reconocer cuando te encuentras con los pocos que te aceptarán, abrazarán, apreciarán y amarán en toda tu singularidad.

Tus puntos fuertes son la empatía, la intuición, el romanticismo, el juego y la apertura a nuevas experiencias. Tienes el don natural de comprender los verdaderos sentimientos de tu pareja, y probablemente quieras encontrar una pareja que te corresponda.

Tus debilidades en las relaciones incluyen una tendencia a ser bastante temperamental y dramática. Algunos Cuatros también son necesitados, súper sensibles a las críticas, y son propensos a ciclos recurrentes de depresión.

Cómo mejorar:

Aprende a equilibrar esa emoción común de la tristeza y la melancolía con la gratitud y la esperanza para que puedas aportar energía positiva al grupo.

Lo que necesitas:

Como Cuatro, necesitas una pareja romántica que sea abierta, comprensiva, autoconsciente y expresiva en su apreciación de ti y de todo lo que eres. Cuanto más estable emocionalmente y en sintonía esté tu pareja, más rica será su conexión.

ENEAGRAMA TIPO 5 - EL INVESTIGADOR EN LAS RELACIONES

Los Tipo Cinco son pensadores. Prefieren observar en la seguridad de su propia intimidad, preferiblemente donde muy pocos puedan acceder. Generalmente introvertidos, la mayoría de los Cincos prefieren el aislamiento y parecen reservados y misteriosos, pero una vez que encuentran a su pareja, se convierten en un libro abierto, a menudo compartiendo todo con su elegida. Si se profundiza en el tema, algunos Cincos pueden incluso tener una vena romántica en las relaciones. Sin embargo, necesitan tiempo a solas para procesar, pensar y resetearse incluso de sus seres queridos.

Si tú eres un Cinco, quizá hayas notado lo difícil que es relacionarse con los demás. Puede que pienses que estar aislado y distanciado es la mejor solución. Quiero recordarte que una vida verdaderamente satisfactoria pasa por disfrutar de todo lo que la vida ofrece. Eso incluye también las relaciones sanas. El sentido y la comprensión de la vida que buscas no pueden encontrarse si descuidas tus emociones o te niegas la posibilidad de tener unas cuantas relaciones prósperas.

Entre tus puntos fuertes está el ser un curioso que aprende durante toda su vida, amable y perspicaz. Tu gran interés por las actividades que fomentan el crecimiento y satisfacen tu sed de conocimiento puede ser muy atractivo para alguien con intereses compartidos.

Tus debilidades en las relaciones incluyen ser distante y retraído del mundo. También puedes tener tendencia a volverte cínico e irritado con tu pareja, especialmente cuando interfiere en tu espacio o te saca de tu zona de confort.

Cómo mejorar:

Para sacar lo mejor de ti mismo y de los demás, ábrete un poco más a tu pareja elegida y permítete salir a veces de tu zona de confort (con cuidado, por supuesto).

Lo que necesitas:

Como Cinco, necesitas una pareja que se sienta cómoda dándote todo el tiempo posible para ti. Alguien con pasiones similares en la vida que no tenga miedo de hablar de "cosas profundas".

ENEAGRAMA TIPO 6 - EL LEAL EN LAS RELACIONES

Los del tipo Seis son conocidos por su lealtad, integridad, dedicación y honestidad. Les gusta saber que están en una relación estable y segura.

Si eres un Seis, es hora de empezar a confiar en ti mismo ante todo. Es fácil ir por la vida siendo escéptico y desconfiando de todo el mundo, y es valioso tener esa mente alerta. Pero no dejes que arruine toda tu existencia. Baja el ritmo y respira antes de responder a los demás. Eso te ayudará a salir de tu cabeza y a tomar decisiones con fundamento. Haz de esto tu verdad: el mundo no es del todo malo. De hecho, muchas personas buenas y honestas desean conectar conmigo".

Tus puntos fuertes incluyen ser digno de confianza, fiable, solidario, cálido, comprometido y estar interesado en relaciones a largo plazo, aunque sean puramente platónicas.

Tus puntos débiles en una relación incluyen estar a la defensiva, ser demasiado consciente de ti mismo y tener dificultades para confiar rápidamente en los demás. Algunos Seis pueden volverse ansiosos, temerosos, inseguros y controladores.

Cómo mejorar:

Trabaja en el desarrollo de tu confianza y autoestima. Cuanto más te sientas bien con lo que eres y llegues a conocer tu verdadero valor, menos inseguro te sentirás con tu pareja. Los expertos del Eneagrama también sugieren aumentar tu capacidad de ser vulnerable. El libro de Brené Brown "Atreverse a lo grande" puede ser un buen punto de partida si quieres fortalecerte y al mismo tiempo abrazar la vulnerabilidad.

Lo que necesitas:

Como Seis, necesitas un compañero de confianza que te sea leal. Alguien que reconozca lo valioso que eres y que no tenga miedo de ser vulnerable contigo y de jugar a largo plazo en vuestra relación romántica.

ENEAGRAMA TIPO 7 - EL ENTUSIASTA DE LAS RELACIONES

El eneagrama tipo Siete es enérgico, apasionado, lleno de ideas y casi siempre feliz. Son las personas que tienen esa energía electrizante con la que sólo quieres estar. En las relaciones, aportan esa chispa especial y saben cómo pasarlo bien.

Si eres un Siete, ser optimista y de mente abierta es algo natural. Sin embargo, quizás hayas notado que en tu búsqueda de la novedad y la libertad, te cuesta construir algo sustancial. Estar orientado al futuro es excelente, y sé que sólo te gusta lo mejor de la vida. Quiero animarte a que también encuentres fuerza, libertad y poder en el momento presente. Aprende a ser más consciente y paciente contigo mismo. Cuando lleguen las dificultades (y lo harán) permítete la gracia de explorar en lugar de escapar de esos sentimientos. Si realmente quieres vivir la vida plenamente, debes aprender a experimentarlo todo (el placer y el dolor).

Tus puntos fuertes son la espontaneidad, el entusiasmo, las grandes vibraciones positivas y la aventura.

Tus debilidades en las relaciones incluyen una tendencia a ser narcisista, distraído e incapaz de mantener el compromiso en cualquier relación. Tal vez tengas dificultades para terminar cualquier proyecto que empieces, y tu pareja suele quejarse de que tienes poca capacidad de atención.

Cómo mejorar:

Trabaja en encontrar ese equilibrio entre la aventura y la estabilidad. Hay una manera de tener ambas cosas. La libertad y el compromiso van de la mano si cambias de perspectiva. Supón que puedes resistir el impulso de huir o abandonar el barco, aunque las cosas se pongan difíciles. En ese caso, por fin empezarás a experimentar las alegrías de una relación comprometida.

Lo que necesitas:

Como Siete, tu mejor pareja romántica es alguien estable, seguro de sí mismo, paciente y que esté dispuesto a guiarte a medida que vas bajando el ritmo de la vida. Confía en tu pareja lo suficiente como para permitirle ser serio y opinar de vez en cuando, especialmente en asuntos importantes.

ENEAGRAMA TIPO 8 - EL RETADOR EN LAS RELACIONES

Los Ochos del Eneagrama son seguros de sí mismos, rebeldes por naturaleza y contrarios, pero son bastante extrovertidos. En las relaciones, pueden ser muy protectores de los suyos hasta el punto de la arrogancia.

Si eres un Ocho, quizás hayas notado lo difícil que te resulta bajar la guardia y volverte vulnerable con otro. Incluso la intimidad te asusta un poco, ¿no es así? Tu capacidad para ver los juegos de poder dinámicos en cada relación es un don, pero no dejes que se convierta en una maldición. Quiero animarte a que dejes entrar a alguien. Recuerda que no todo el mundo quiere aprovecharse de ti o controlarte de alguna manera.

Tus puntos fuertes son la honestidad y la comunicación directa, lo que es ideal para cualquier tipo de relación. También tiendes a ser generoso, solidario y muy protector con las personas que te importan.

Tus debilidades en las relaciones incluyen ser demasiado exigente, inflexible, demasiado intenso y querer controlar a todos y todo. Eso puede ahogar a tu pareja sentimental y crear una desconexión entre ustedes.

Cómo mejorar:

Ser vulnerable no te hace débil. Fortalece tu relación. Trabaja para permitir que tu lado más suave se muestre, al menos a tu pareja. También deberías mejorar tu capacidad de escucha activa y permitir que tu pareja opine sobre asuntos que los conciernen a ambos.

Lo que necesitas:

Como Ocho, necesitas una pareja romántica que ame tu intensa energía y comparta tus pasiones y tu visión de la vida. Alguien a quien le guste lo feroz que eres y te anime.

ENEAGRAMA TIPO 9 - EL PACIFICADOR EN LAS RELACIONES

Los Nueve del Eneagrama son pacíficos, amables, gentiles y excelentes mediadores. En las relaciones, suelen desempeñar el papel de apoyo, amabilidad y ausencia de juicios.

Si eres un Nueve, tienes un don extraordinario y es hora de utilizarlo. Tu capacidad de ver todas las partes en cualquier conversación hace que tu presencia sea poderosa y un antídoto para muchos conflictos. Sin embargo, eso no significa que todos los conflictos sean destructivos. En lugar de hacer la vista gorda o evitarlos a toda costa, cultiva más tu confianza y aumenta tu autodominio para poder servir a los demás sin perderte a ti mismo. Encuentra tu voz, vive tu verdad y conviértete en la inspiración que has nacido para ser.

Entre tus puntos fuertes se encuentran ser fácil de llevar, tranquilo, leal, estable y emocionalmente sensible a los sentimientos de tu pareja.

Tus puntos débiles en las relaciones son la pasividad-agresividad, la terquedad, la defensa y, a veces, el resentimiento. Quizás hayas notado que has perdido tu identidad en esta relación. Eso es algo muy común en los Nueve, que se convierten en personas complacientes sólo para evitar el conflicto.

Cómo mejorar:

No todos los conflictos tienen que terminar en una discusión. Siempre hay una manera de mantener la paz, incluso durante un desacuerdo. Trabaja en tener conflictos saludables y aprende a ver el valor de expresar tus ideas aunque no sean agradables.

Lo que necesitas:

Como Nueve, necesitas una pareja romántica que te apoye y te anime a hablar y encontrar tu voz.

¿QUÉ TIPOS DE ENEAGRAMA COMBINAN BIEN?

Aunque no creo en una "compatibilidad perfecta" porque el éxito de una relación se basa en dos individuos y en el trabajo que realizan, los expertos del Eneagrama tienen sugerencias. La idea detrás de esta compatibilidad del Eneagrama no es restringir a un tipo para que sólo se relacione con alguien de un tipo específico, sino más bien hacerles conscientes de las tendencias y patrones comunes que han observado. Dado lo granular que puede ser el sistema del Eneagrama y el hecho de que se centra más en los motivos subyacentes que en el comportamiento exterior, creo que dos tipos cualesquiera pueden juntarse y producir una relación feliz, sana y próspera. En el libro *"El Eneagrama en el amor y en la guerra"*, la investigadora Helen Palmer señala que su estudio descubrió combinaciones más comunes que otras. Sin embargo, es importante mencionar que la investigación no tuvo en cuenta la satisfacción o la compatibilidad de la combinación. ¿Y cuáles son estas combinaciones comunes?

Los tipos Uno se combinan naturalmente bien con los Dos y los Siete.

Como perfeccionistas concienzudos y orientados al detalle, los Uno se sienten atraídos por quienes pueden ayudarles a aligerar y encontrar la belleza en los momentos imperfectos de la vida.

En una pareja romántica Uno-Dos, el Dos atento y cariñoso puede aportar cierta calidez a un Uno rígido y orientado a las tareas. El tipo Dos puede ayudar a animar al tipo Uno a ser más suave y relajado, incluso cuando persigue valientemente sus ideales perfectos en el mundo. Del mismo modo, el tipo Uno puede aportar una sensación de estructura, seguridad y consistencia al Dos. Esto puede ser muy atractivo para el Dos, ya que a menudo tiene problemas de abandono. Estos tipos de Eneagrama también comparten alas, por lo que notarán cierta coincidencia en sus rasgos.

En una relación romántica entre el Uno y el Siete, los dos tipos conectan a través de su línea del Eneagrama. Los Uno pueden sentirse atraídos por el espíritu aventurero y alegre de los Siete. Esto es especialmente bueno para ayudar al Uno trabajador y autocontrolado a soltarse y divertirse. Asimismo, los Siete pueden encontrar muy atractivo el sentido de propósito y dirección del Uno. Ayuda a los Siete a sentirse con los pies en la tierra.

El tipo Dos, naturalmente, también hace buena pareja con los Tres y los Ochos.

Una de las áreas clave que identificamos para mejorar en el tipo Dos es priorizar e incluso vocalizar sus propias necesidades. Tener una pareja romántica que pueda corresponder a la intimidad, fomentar el autocuidado y no aprovecharse de la generosidad del Dos es vital.

La pareja romántica del Dos-Tres tiene un alto nivel de energía porque estos dos comparten un carisma e intereses similares. Los encantadores Tres suelen impulsar a los Dos a alcanzar su potencial en lugar de centrarse en los demás. Asimismo, los Dos apoyan a los Tres con amor y aprobación incondicionales, lo que les ayuda a sentirse más seguros de sí mismos en lugar de luchar por demostrar su valía a los demás mediante el trabajo o el estatus.

En una pareja romántica Dos-Ocho, estos dos comparten una línea del Eneagrama y crean una atracción natural. A los Dos les gusta la fuerza, la pasión, la intensidad y la convicción que el Ocho aporta a la relación. Les anima a dar un paso adelante y a abrazar su propio poder. Del mismo modo, los Ochos encuentran este tipo de conexión atractiva porque estar cerca de un Dos permite al Ocho derribar sus muros y abrazar ese lado amable, cariñoso y más suave que tiende a ocultar. Los Dos son excelentes para facilitar este tipo de afecto vulnerable que es súper esencial para un Ocho sano.

Naturalmente, el tipo Tres también combina bien con los Nueve.

El tipo Tres tiene una fuerte personalidad orientada a la imagen, lo que dificulta su vulnerabilidad y autenticidad. En una pareja romántica de Tres-Nueve, un Nueve tranquilo, equilibrado y estable puede permitir al Tres aceptarse a sí mismo por lo que es, no por lo que puede hacer. Este cambio del éxito exterior a la autoestima interior reconecta al Tres con sus emociones. Del mismo modo, los Tríos ayudan a los Nueve, que son fáciles de llevar, a acercarse al centro de atención y a encontrar el respeto y el valor de su propia identidad.

Los Cuatros, naturalmente, se combinan bien con los cincos y los nueves.

Los Cuatros tienen una inclinación artística, son muy conscientes de sí mismos, son emocionalmente sensibles y reflexivos. Les encantan las personas auténticas que viven su verdad única.

En una relación romántica entre Cuatro y Cinco, los Cuatros, emocionalmente expresivos, se sienten cómodos con la naturaleza natural de los Cinco de "hablar claro" y sin rodeos. El marco mental de "la lógica primero" que posee un Cinco es muy atractivo y fundante para un tipo Cuatro. ¿Por qué? Porque admiran la autenticidad y la ausencia de miedo de los Cinco a la hora de explorar las cosas profundas de la vida, ya sea la ciencia, las emociones o el arte.

En una pareja romántica de Cuatro y Nueve, los Cuatros vuelven a encender la pasión en los suaves Nueve, creando una intensidad que puede ser muy emocionante para los Nueve. Asimismo, el Nueve es atractivo para un Cuatro por su naturaleza amable y sin prejuicios. Este tipo de aceptación de sí mismo es muy atractivo para un Cuatro que lucha con las emociones y con la búsqueda de su identidad.

El tipo Cinco se combina naturalmente con Unos y Dos.

Además de la compatibilidad con un tipo Cuatro, estos Cincos objetivos e intelectuales también suelen emparejarse bien con los Unos y los Dos.

En una pareja romántica de Cinco a Uno, los Cinco se sienten muy atraídos por la curiosidad, la independencia y la integridad de los Uno. Cuando encuentran un interés mutuo, puede haber una conexión instantánea. Asimismo, los Uno aprecian la falta de criterio de los Cinco y su compromiso con el aprendizaje y la mejora permanentes. Su asociación puede crear una base sólida de confianza y seguridad.

En una relación romántica entre el Cinco y el Dos, asistimos a un verdadero escenario de "los opuestos se atraen". El Dos, emotivo y cariñoso, no se consideraría viable para un Cinco objetivo e intelectual. Sin embargo, ocurre más a menudo de lo que se cree. Los Dos se sienten muy atraídos por los límites firmes del Cinco, su naturaleza independiente y objetiva. Además, al saber el tiempo que necesitan los Cinco para estar solos, los Dos son más capaces de cuidarse y atender sus propias necesidades. Los Cinco también se benefician de esta conexión porque tener un Dos cerca crea una atmósfera acogedora y doméstica que colorea a los Cinco.

El tipo Seis, naturalmente, hace buena pareja con el Nueve.

Los Seis leales, dignos de confianza, seguros y orientados a la estabilidad son los que más se benefician de una relación estable y sin dramas. En una relación Seis-Nueve, pueden tener todo eso y más. La presencia amable, complaciente y pacífica de un Nueve es muy tranquilizadora para un Seis. Asimismo, este tipo de relación crea esa conexión predecible y rutinaria que los Nueve encuentran más atractiva.

El tipo Sietes se empareja naturalmente bien con los Nueve.

Parece que muchos de los eneatipos consideran que los Nueve son irresistibles por naturaleza, incluidos los Siete entusiastas, juguetones y que buscan la aventura. En una pareja romántica Siete-Nueve, se crea una atmósfera optimista y positiva cuando el agradable y siempre pacífico Nueve se une al Siete de espíritu libre. Los Nueve son excelentes para ayudar a los Siete a reducir la velocidad y disfrutar más del momento presente, lo cual es fundamental para un Siete saludable. Asimismo, el enérgico Siete enciende el fuego en el Nueve, a menudo pasivo y demasiado frío.

Los Ochos, naturalmente, hacen buena pareja con los nueves.

En una pareja romántica de Ocho y Nueve, el factor de atracción es bastante alto en ambas partes, porque un Nueve suele sentirse atraído por personalidades fuertes. Al Ocho poderoso y autoritario, a veces agresivo y contundente, le gusta emparejarse con un Nueve. El Nueve ve la gran energía y la competencia que irradia un Ocho como algo muy atractivo. Admiran la capacidad del Ocho para asumir retos. Para el Ocho, el atractivo radica más en la calma del Nueve y en lo tranquilizadora que es su energía para la relación.

El tipo Nueve se combina naturalmente con el Uno y el Dos.

Como pacificadores, su naturaleza tranquilizadora y armonizadora atrae obviamente a la mayoría de los tipos del Eneagrama.

En una pareja romántica del tipo Nueve-Uno, la naturaleza tranquila y pacífica del Nueve es muy reconfortante y atractiva para el tipo Uno. La crítica interna y el autojuicio se encuentran con la autoaceptación y la dulzura del Nueve, lo que calma la ansiedad y reduce la necesidad de tener siempre la razón. Asimismo, los Nueve se benefician enormemente de la estructura, el sentido de propósito y la claridad que un tipo Uno aporta a su relación.

En una pareja romántica Nueve-Dos, el Nueve cariñoso y que se acepta a sí mismo valora y muestra afecto al Dos sin aprovecharse de él. Valoran al Dos por lo que es y no por lo que da. Eso es muy reconfortante para un tipo Dos que anhela eso. Del mismo modo, la naturaleza cariñosa y atenta del Dos puede ayudar a motivar al Nueve a la acción. Eso le hace pasar de esa tendencia pasiva y letárgica a un estilo de vida más activo y productivo.

Ninguno de estos tipos de emparejamiento es inamovible. A menudo se puede encontrar el éxito en emparejamientos del mismo tipo o incluso de un tipo de Eneagrama que no se haya mencionado anteriormente. El grado de autoconciencia que tú y tu pareja aportáis a la relación es importante. Es el factor determinante de lo satisfactoria y saludable que puede ser una relación.

Ahora que conoces tu número de Eneagrama, tus alas y tus subtipos, empieza a notar cómo tus instintos y motivaciones influyen en tus reacciones y tu comportamiento. Tu temperamento, tu infancia temprana y tus experiencias únicas están siempre presentes cuando comienzas una nueva relación. El amor es más que esa atracción inicial. Es lo que ocurre después de que esa fase inicial de "luna de miel" se apaga. Cuanto más trabajo de crecimiento realicen juntos e individualmente, más posibilidades tendrán de tener una relación sana y próspera.

CAPÍTULO 13
CÓMO UTILIZAR EL ENEAGRAMA EN EL TRABAJO

A medida que el entorno empresarial cambia y aumenta la volatilidad del mercado, muchas organizaciones de Estados Unidos y del extranjero consideran necesario ajustar sus enfoques de liderazgo y gestión de personas. La tecnología, las expectativas de los clientes y muchos otros factores añaden una tensión adicional a los empleados de cualquier tipo y tamaño de empresa. Los propietarios de empresas y los empleados inteligentes buscan soluciones diferentes que les permitan mejorar la productividad, el trabajo en equipo y la inteligencia emocional. El Eneagrama se ha convertido en una de esas herramientas a las que acuden los profesionales que buscan la iluminación, la eficiencia y un mejor resultado en su organización.

¿Por qué las empresas se interesan por una herramienta que tiene sus raíces en el misticismo antiguo y las enseñanzas espirituales?

Comprender lo que impulsa a las personas y descubrir sus puntos fuertes y débiles puede influir en el rendimiento de la empresa. De hecho, influye en el rendimiento mucho más de lo que crees. Si tú eres un líder o trabajas en una estructura de equipo que parece tener muchas lagunas e incongruencias, ésta es una de las mejores maneras de provocar un cambio positivo en el lugar de trabajo. El Eneagrama no trata de promover una creencia religiosa o psicológica concreta. Por el contrario, se trata de celebrar la diversidad humana y de dar prioridad al autoconocimiento y al desarrollo personal como habilidades previas al crecimiento profesional.

BENEFICIOS DE UTILIZAR EL ENEAGRAMA EN EL TRABAJO

Resolución saludable de conflictos

Los conflictos forman parte de un equipo sano, y ya es hora de que aprendamos a discrepar con respeto. El Eneagrama ayuda a las personas a comprender mejor sus desencadenantes, sus miedos, sus motivaciones y la mejor manera de comunicarse con los demás.

Mayor sentido y productividad

A medida que los empleados se sienten más atendidos, valorados y comprendidos en el trabajo, sus niveles de compromiso aumentan. En un estudio de Gallup de 2017 dirigido por la Dra. Amy Edmondson, descubrieron que los entornos que mejoraron su seguridad psicológica experimentaron un aumento del 12% en la productividad y menos rotación de empleados. Pero fomentar un entorno en el que todos se sientan seguros y valorados es difícil si no se cuenta con una herramienta como el Eneagrama. Lo que un empleado percibe como una señal de atención puede amenazar a otro dependiendo de su tipo de Eneagrama. Al desplegar esta herramienta en toda su organización, tendrás claridad sobre los movimientos estratégicos a realizar que asegurarán que todos experimenten su versión de "seguridad psicológica".

Diversidad y maximización del potencial

Después de experimentar con la herramienta del Eneagrama, uno de los principales beneficios que han obtenido diferentes empresas es la facilidad con la que los altos cargos pueden aprovechar la singularidad y el mayor potencial de cada individuo. Identificar con precisión dónde puede situarse mejor cada persona en un proyecto determinado y permitir que varios tipos aborden el mismo problema desde distintos ángulos puede maximizar la contribución y el rendimiento del equipo.

CADA TIPO DE ENEAGRAMA EN EL TRABAJO

Ya hemos repasado los detalles de cada Eneagrama a nivel personal. Ahora vamos a ver cómo puedes relacionarte con los distintos tipos de Eneagrama en el lugar de trabajo para mejorar la comunicación y la creación de equipos.

Eneagrama 1 - El perfeccionista

Si quieres establecer una relación con un tipo Uno, aprende a respetar su integridad y seriedad. Sé un poco más serio cuando interactúes con ellos y sabe que valoran los detalles que muchos de nosotros tendemos a pasar por alto.

Para promover una conexión profesional sana, participa en discusiones sobre cómo se pueden mejorar las cosas.

Evita tomar atajos o descuidar los procedimientos adecuados cuando estés cerca de ellos. Tampoco está de más mantener los buenos modales, ya que se preocupan mucho por hacer las cosas correctamente. Cuando hagas promesas o arreglos, sólo acepta lo que sabes que puedes cumplir hasta el final.

Durante los conflictos, pídeles que sean directos con su enfado, para que no alberguen resentimiento. Reconoce genuinamente tu error si te equivoca. Recuerda que su estilo de hablar es preciso y detallista. Cuando te dirijas a ellos, hazlo con convicción y autoridad personal. Si sabes que hay más de una forma correcta, desafíales a que lo vean también, pero hazlo con amabilidad. Cuando te comuniques con un Uno, sé siempre claro con tus expectativas. Ten en cuenta que están tratando de responder a esta pregunta tácita. "¿Cómo puedo cumplir con mi responsabilidad con integridad y de manera perfecta?" Todo lo que puedas hacer para apoyar la respuesta a esa pregunta contribuirá en gran medida a garantizar el éxito.

¿Quieres apoyar su crecimiento? Si diriges a un tipo Uno, lo mejor que puedes hacer es animarles a ser menos críticos consigo mismos y a aceptar más sus errores y las aparentes imperfecciones de los demás. También puedes animarles a compartir responsabilidades con otros miembros del equipo y, de vez en cuando, a relajarse y divertirse incluso mientras trabajan en proyectos serios.

Eneagrama 2 - El ayudante

Si quieres establecer una relación con el tipo Dos, toma la iniciativa y establece ese primer contacto. Muestra regularmente tu aprecio y aprobación.

Para promover una conexión profesional sana, anímalos a construir asociaciones y amistades que sean cálidas y satisfactorias para ellos.

Evita ser demasiado crítico, aprovecharte de su generosidad o ignorarlos, ya que eso hiere profundamente sus sentimientos. Los niños de dos años son muy emocionales y es esencial para ellos que los demás los quieran y los acepten.

Durante los conflictos, insiste en que asuman la responsabilidad de conseguir lo que quieren en lugar de pasarles la culpa o evocar la culpabilidad. Tienden a resentirse, así que asegúrate de tratar este tema con toda la empatía posible. El estilo de hablar de un Dos es simpático y agradable. Les encanta dar consejos y estar rodeados de mucha gente. Recuerda comunicar regularmente su aprecio y decir cosas sencillas como: "Realmente aprecio lo que hiciste ahí".

¿Quieres apoyar su crecimiento? Anímale a desarrollar límites saludables y a prestar atención a sus propias necesidades y sentimientos.

Eneagrama 3 - El triunfador

Si quieres establecer una relación con un tipo Tres, reconoce el duro trabajo que han realizado. Sé rápido y eficiente en tu comunicación, para que no sientan que estás perdiendo el tiempo.

Para promover una conexión profesional saludable, se más proactivo en los proyectos en los que trabajan juntos y concéntrate en obtener resultados.

Evita interponerte en su camino hacia adelante. Los tres tienen mucha energía y no soportan el fracaso ni que nadie obstaculice su éxito.

Durante los conflictos, tienes que estar de acuerdo con ser un poco más agresivo en tus intercambios, especialmente cuando las cosas no van bien. Pero no dejes que eso te disuada de mantenerte en el camino de los objetivos generales. Los Tres son muy entusiastas y disfrutan motivándose a sí mismos y a los demás para alcanzar el éxito. Aprovecha esto en su comunicación. Si quieres que hagan cosas, ofréceles incentivos, incluyendo recompensas monetarias y reconocimiento público. A veces, los Tres pueden olvidar el valor de las personas en la búsqueda del éxito, así que se asertivo y recuérdales que las personas tienen un papel esencial en el éxito. Desafía su retórica y permíteles salvar la cara cuando la situación lo requiera.

¿Quieres apoyar su crecimiento? Valóralos por lo que son, no por lo que hacen, y asegúrate de que lo sepan. Anímales a que bajen el ritmo de vez en cuando y presten atención a su salud. Crea un ambiente de trabajo en el que el fracaso se considere una buena oportunidad de aprendizaje para que dejen de demonizarlo.

Eneagrama 4 - El individualista

Si quieres establecer una relación con un tipo Cuatro, aprende a expresar tu aprecio por su creatividad y sensibilidad emocional. A menudo estas personas son brillantes en su producción y aunque no estés de acuerdo con su arte o sentido del estilo, simplemente reconócelo.

Para promover una sana conexión profesional, valora su individualismo y su esfuerzo por ser único y diferente.

Evita que todo se ajuste a la lógica y al razonamiento si quieres conquistarlos. Tampoco les gusta hacer cosas del statu quo, así que intenta no forzarles al conformismo.

Durante los conflictos, reta a la persona para que no se retire de la conversación no resuelta y, al mismo tiempo, no entretenga sus arrebatos dramáticos. Lo mejor que puedes hacer durante los desacuerdos es encontrar un punto intermedio y abstenerte de tomarte a pecho todo lo que te digan. La mayoría de las veces, los Cuatro dicen cosas que no quieren decir cuando sus emociones se desbordan. Recuerde siempre que. El estilo de hablar de un tipo Cuatro es a veces cálido y lleno de sentimientos positivos, y a veces es seco y plano. Para que su comunicación sea eficaz, te animo a que valides y reconozcas sus puntos de vista únicos con frecuencia. Y trata de no tomarte sus fluctuaciones de humor como algo personal.

¿Quieres apoyar su crecimiento? Fomenta los desacuerdos sanos y respetuosos en tu entorno y hazles saber que pueden expresar sus emociones con seguridad, siempre que lo hagan con atención. Haz que presten atención a lo que dicen y consideren las implicaciones de sus palabras y acciones en los demás miembros del equipo. Promueve las prácticas de atención plena y las técnicas de auto-conciencia que pueden permitirles crear un mayor equilibrio emocional en su interior y silenciar la crítica interna.

Eneagrama 5 - El investigador

Si quieres establecer una relación con un tipo Cinco, se reflexivo en tu enfoque y asegúrate de darles mucho espacio para pensar y procesar la información.

Para promover una conexión profesional sana, reúnete para discutir intereses e ideas profundas y significativas. Nada de conversaciones triviales, por favor.

Evita presionarles para que tomen decisiones inmediatas o realicen acciones rápidas sin el debido tiempo de reflexión.

Durante los conflictos, puedes aceptar estar en desacuerdo con un Cinco. Son racionales, técnicos y no soportan la cháchara, lo que significa que te dirán directamente lo que sucede si tú preguntas de la manera correcta. Estate atento a los signos de retraimiento, especialmente durante un desacuerdo. Cuando te comuniques, mantén la profesionalidad y céntrate en su área de experiencia. Dale a la persona mucha información y datos, y dale tiempo para que los procese. No te metas en su vida personal y, si tu empresa es flexible, considera la posibilidad de permitir cierta flexibilidad en su entorno de trabajo, por ejemplo, el trabajo a distancia.

¿Quieres apoyar su crecimiento? Anímales a ser más cálidos, gene-rosos y a forjar relaciones sólidas con algunas personas clave del equipo o la organización. Haz que se sienta seguro para compartir tanto o tan poco de sus emociones como se sienta cómodo hacién-dolo. Recuérdale que debe hacer saber a los demás miembros del equipo que te preocupas por él, pero que necesita mucho tiempo para estar solo y espacio para trabajar en soledad.

Eneagrama 6 - El Leal

Si quieres establecer una relación con un tipo Seis, haz un esfuerzo por apreciar la tendencia natural a preocuparse y centrarse en los problemas. Hazle saber que comprendes su necesidad de vigilar y crear una sensación de seguridad. Acuerda normas y procedimientos que ayuden a cumplir ese objetivo.

Para fomentar una conexión profesional sana, acepta sus opiniones y reconoce que tú ves el valor de diseccionar todos los peores escenarios antes de seguir adelante con un proyecto determinado.

Evita cambiar las normas de forma demasiado brusca u ocultar información a los Seis. Como escépticos por naturaleza, la falta de transparencia o la omisión de detalles críticos genera dudas, lo que lleva al conflicto.

Durante los conflictos, no seas ambiguo. Habla claramente sin descartar las preocupaciones de la persona. Al mismo tiempo, se niegan a asumir sus proyecciones e insisten en que la persona se responsabilice de la situación en cuestión en lugar de crear excusas externas. Los Seis están naturalmente llenos de preguntas, así que en su comunicación, hazles saber que está abierto a responder incluso a la pregunta más tediosa, siempre y cuando ayude a tranquilizar su mente.

¿Quieres apoyar su crecimiento? Los seis necesitan mucha seguridad psicológica en el trabajo para relajarse mentalmente y dejar de buscar amenazas en cada conversación. Si consigues crear una "zona segura" en la que puedan relajarse más, hablar abiertamente de sus miedos y obtener un control de la realidad sin sentirse juzgados, es más probable que saques lo mejor de este individuo tan leal.

Eneagrama 7 - El entusiasta

Si quieres establecer una relación con un tipo Siete, aprende a abrazar su vibrante energía y su entusiasmo por la vida. Aprende a apreciar sus infinitas historias e ideas.

Para promover una conexión profesional saludable, fomenta discusiones divertidas, orientadas al futuro y llenas de posibilidades.

Evita ser demasiado negativo o "razonable" en tus objetivos o ideas en torno a los sietes. También te animo a que busques siempre varias opciones para resolver los problemas; desafía a los Siete a que te ayuden a encontrarlas.

Durante los conflictos, reta a la persona a responsabilizarse de sus actos e insiste en escuchar la versión de los demás en lugar de hablar por encima de ellos. Es posible que tengas que repetirlo a menudo. También es importante ser claro sobre lo que se espera y lo que la persona debe cumplir, porque los sietes pueden desviarse fácilmente. Cuando te dirijas a un Siete, cambia un poco el tono de tu comunicación y muéstrate más optimista y entusiasmado con el proyecto. Pero no finjas.

¿Quieres apoyar su crecimiento? El mayor apoyo que puedes ofrecerle a un Siete es ayudarle a tener un poco más de fundamento y equilibrio entre su constante deseo de novedades y su capacidad para ver las cosas antes de pasar a la siguiente. Destaca la importancia de la retroalimentación y la escucha activa, especialmente con los compañeros de equipo. Teniendo en cuenta lo mucho que odian el dolor, considera la forma en que tú repartes los comentarios negativos.

Eneagrama 8 - El desafiante

Si quieres establecer una relación con un tipo Ocho, establece un contacto directo, sé asertivo y no te eches atrás ante su fuerza.

Para promover una conexión profesional saludable, se proactivo y ayúdales a crear un impulso hacia el resultado deseado.

Evita mostrarte controlador o irrespetuoso. Teniendo en cuenta lo enérgicos y dominantes que son, evitaría darles tareas que les hagan quedarse quietos durante demasiado tiempo.

Durante los conflictos, hay que ser lo suficientemente audaz como para tener confrontaciones sanas. Sé auténtico contigo mismo, pero trata con ellos directamente y prepárate para aceptar la energía de la ira que seguramente te llegará. Permíteles expresar su ira, pero no dejes que se te vaya de las manos. Si empiezan a mostrar un comportamiento destructivo o violento, no lo toleres en absoluto. Como los Ochos son habladores asertivos, son más receptivos al mismo estilo de comunicación directo y audaz. Establece objetivos, plazos y expectativas claros en tu comunicación, y luego déjelos estar. Si eres lo suficientemente inteligente, descubre formas de plantar ideas en su mente para que puedan "sentirse" más en control de tomar la acción deseada. Cuanto más persuasivo seas, más lejos llegarás con un Ocho.

¿Quieres apoyar su crecimiento? La mejor manera de apoyar a los Ocho es encontrar formas saludables de expresar su energía y sus emociones.

Eneagrama 9 – Pacificador

Si quieres establecer una relación con un tipo Nueve, tómate el tiempo de escuchar, y me refiero a escucharles de verdad. Anímalos a compartir lo que les preocupa para que puedan encontrar un terreno común.

Para promover una conexión profesional saludable, mantén la paz. Los Nueve no soportan los conflictos internos o externos, así que si puedes encontrar formas de mantener una relación pacífica en el trabajo, te los ganarás. Es así de sencillo.

Evita presionar a la persona o hacerla sentir mal por no avanzar tan rápido como los demás. De todos los tipos del Eneagrama, los Nueve son los que tienen menos energía, por lo que es probable que su ritmo de ejecución sea el más lento. Impacientarse o ser demasiado insistente será contraproducente para tus objetivos empresariales.

Durante los conflictos, haz lo posible por demostrar equidad en todos los asuntos. Encuentra formas de discrepar de manera sana y no amenazante. Al tratar con un Nueve, vale la pena ir más despacio y profundizar, pidiéndole que comparta lo que realmente está pasando en su interior. A veces, un Nueve tendrá un arrebato de ira o se volverá pasivo-agresivo en su comportamiento. Hazle saber que no tolerará ninguno de estos comportamientos y anímale a colaborar contigo para resolver el problema. Los Nueve hablan con mucha amabilidad e inclusión. Intenta utilizar el tono adecuado en tu comunicación, para que no te interpreten como duro y despectivo, lo que provocaría una retirada. También debes establecer prioridades claras y dar a la persona el tiempo suficiente para contemplar y procesar la tarea/el encargo.

¿Quieres apoyar su crecimiento? Una de las mejores cosas que puedes hacer para apoyar a un Nueve es trabajar con él para crear una estructura y unos horarios en torno a su trabajo para mantenerlo en el buen camino. Encuentra pequeñas formas de empujarlos constantemente fuera de su zona de confort de maneras muy sutiles para que puedan seguir creciendo y contribuyendo más a la organización.

PARTE CUATRO
UTILIZAR EL ENEAGRAMA PARA CRECER EN TODAS LAS ÁREAS

CAPÍTULO 14

ACELERAR TU CRECIMIENTO PERSONAL PARTE 1

Ahora que has aprendido bastante sobre el sistema del Eneagrama y, con suerte, has identificado tu tipo de personalidad, ¿qué ocurre si deseas cambiarlo? ¿Y si no estás contento con lo que has descubierto? ¿Y ahora qué? Esta es una experiencia bastante común, así que no te preocupes si buscas respuestas sobre cómo cambiar tu personalidad. Antes de poder dar la respuesta en versión larga y corta, probablemente deberíamos ponernos de acuerdo en una definición de personalidad.

Personalidad tiene su origen en la palabra latina "persona", que se refiere a una máscara teatral que los actores llevan para proyectar diferentes papeles durante una obra. Los artistas también la utilizaban para disfrazar su verdadera identidad durante la representación. Tu verdadera identidad es mucho más grande, real y duradera que el personaje que acostumbras a llevar en el día a día. Basándonos en esto, convengamos en que la personalidad no tiene nada que ver con lo que realmente eres.

Y aunque, en el nivel más fundamental, la personalidad tiene que ver con los patrones de pensamiento, los sentimientos y los comportamientos que te hacen único, en realidad no son lo que eres. Según los expertos que estudian la personalidad humana, el consenso es que la personalidad surge del interior del individuo y permanece bastante constante a lo largo de la vida. Los expertos en Eneagrama parecen creer lo mismo, y por eso dicen que el tipo de Eneagrama de un individuo no puede cambiar realmente. Intentar cambiar tu personalidad o tu tipo de Eneagrama es una batalla perdida en la que yo no animaría a nadie a participar. Pero no todo está perdido si deseas crecer y transformarte en una mejor versión de ti mismo.

POR QUÉ ES CASI IMPOSIBLE CAMBIAR LA PERSONALIDAD

Nuestras personalidades surgen y se moldean en función de muchos factores que interactúan y que podemos resumir en dos grandes categorías: la genética y el entorno. La autora y psicóloga Carol Dweck afirma que, en su mayor parte, nuestras personalidades están fuera de nuestro control porque, aunque cambiemos el entorno, la genética sigue influyendo significativamente en nosotros. Por eso, si estás predispuesto a ser de mal genio y tenso, pero acabas pasando mucho tiempo en un entorno zen y amistoso, es probable que veas algunos cambios en tu temperamento que se ajusten a ese entorno. Dweck suele contar una historia sobre gemelos para explicar este punto. Dos niños nacidos como gemelos idénticos fueron separados al nacer. Criados en entornos totalmente diferentes, cabría esperar que no tuvieran rasgos de personalidad similares. Sin embargo, de adultos, los dos hombres se casaron con mujeres con los mismos nombres de pila, compartieron aficiones idénticas y tuvieron niveles similares de características específicas que los expertos podían medir en las evaluaciones de personalidad. Dweck demuestra el sesgo de la noción de que no tenemos control sobre nuestra personalidad, pero me gusta que siga explorando la solución que existe para los que deseamos cambiar.

El secreto del cambio y el crecimiento:

Si quieres mejorar tu personalidad actual y la calidad de tu vida, no te centres en lo que no puedes controlar, por ejemplo, tu enea-tipo o tu genética, y céntrate en cambio en lo que sabemos que está bajo tu control. Y eso es tu comportamiento. Dweck cree que al cambiar los hábitos, los patrones de comportamiento y las creencias bajo la superficie de tu tipo de personalidad general, puedes experimentar una transformación personal duradera. Ahí es donde el Eneagrama resulta muy útil porque te da acceso a los aspectos de ti que se encuentran bajo la superficie de tu personalidad general. También te enseña a pasar de una versión inferior y poco desarrollada de tu carácter a una versión superior y más "alineada" de tu personalidad. ¿Qué quiero decir con alineada? La alineación y la conexión entre tu personalidad y tu yo superior. Al fin y al cabo, tu verdadera identidad reside en tu yo superior y no en tu personaje. Tienes la capacidad de cambiar tu sistema de creencias, hábitos, estrategias de afrontamiento y cerrar la brecha que es responsable de toda tu angustia e inquietud.

CÓMO APROVECHAR LA HERRAMIENTA DEL ENEAGRAMA PARA EL CAMBIO POSITIVO Y EL CRECIMIENTO PERSONAL

Abraza y acepta tu número

Es común sentir resistencia sobre tu tipo de Eneagrama una vez que has hecho el test. Si te sientes incómodo y expuesto, si tal vez rompiste a llorar después de leer algunas de las emociones y tendencias negativas asociadas a tu número, está bien. Sé que puede parecer intrusivo, pero el objetivo de esta búsqueda es que tomes conciencia de tu vida y que finalmente conozcas quién eres. Tu tipo de personalidad no es mejor ni peor que la mía. Cada tipo de Eneagrama es perfecto tal y como es y lo mejor que podemos hacer es reconocer, aceptar y hacer las paces con donde estamos. Lo que descubrimos sobre nosotros mismos no debería ahogarnos en la autoderrota o la lástima. Debería darnos el poder de trazar consciente y deliberadamente cómo vamos a enfocar el resto de nuestras vidas. Todos los tipos de Eneagrama poseen grandes fortalezas, ofertas únicas y un montón de potenciales sin explotar que pueden aportar mucho bien al mundo. Concéntrate en liberar más de ese potencial dentro de ti.

Identifica las áreas que te gustaría mejorar

Ahora que has aceptado y abrazado tu tipo de Eneagrama, es el momento de echar un vistazo honesto a tu vida. Observa el estado de tu salud, tus finanzas, tu carrera, tu bienestar mental y emocional, tus relaciones y cualquier otro ámbito que te importe. ¿Dónde necesitas crecer en los próximos 12 meses? ¿Hay algún patrón negativo que hayas identificado y que tengas que cambiar? ¿Buscas reconectar con tu naturaleza espiritual? ¿Sientes que ha llegado el momento de encontrar tu propósito o quizás de estar más en sintonía con tus emociones? Lo que sea que te haya llevado a coger este libro y a estudiar la herramienta del Eneagrama es lo primero que debes mejorar. A medida que vayas mejorando en un área y perfeccionando tus habilidades, añade más y más objetivos que te aporten alegría.

Pon en práctica estos conocimientos

Una cosa es leer un libro o asistir a un seminario de fin de semana y otra muy distinta es poner en práctica lo aprendido. Muchas personas que leen este libro lo terminan con orgullo y se dan palmaditas en la espalda. Pero, por desgracia, volverán a hacer exactamente lo que hacían antes de leerlo y dirán que el libro fue una pérdida de tiempo. El Eneagrama y todos los contenidos de este libro funcionan si estás dispuesto a esforzarte y aplicar las lecciones a tu vida diaria.

La herramienta del Eneagrama no debe utilizarse como un arma para atacar o manipular a los demás. Está pensado para ser utilizado como una herramienta de autodescubrimiento para que, a medida que te entiendas a ti mismo, puedas enfrentarte a los demás con más compasión. En lugar de estar a merced de tus miedos y debilidades fundamentales, puedes aprender a domarlos y seguir mostrando la mejor versión de ti mismo, incluso en las situaciones más difíciles. Cuando te sorprendas a ti mismo desviándote del camino o volviendo a viejos hábitos que ya no te sirven, vuelve a centrarte con suavidad, sin juzgarte a ti mismo ni pensar en los errores del pasado. Este es el verdadero propósito de las enseñanzas del Eneagrama, y sólo puedes cosechar los beneficios cuando aplicas el conocimiento en tu propia vida y haces un seguimiento de los progresos que estás haciendo.

Si no sabes en qué centrarte para que tu tipo de Eneagrama específico vea el progreso, vamos a desglosar algunas de las cualidades esenciales que puedes cultivar, además de cómo agilizar tus puntos fuertes.

ENEAGRAMA TIPO UNO - EL PERFECCIONISTA - CAMINO DE CRECIMIENTO

Tus cualidades esenciales son la integridad, la bondad y lo sagrado.

A medida que creces y te despiertas, la virtud que vas a realizar es la serenidad.

Cuando se trata de acelerar tu crecimiento personal como Uno, es el momento de familiarizarte profundamente con tu crítico interior. Es decir, esa pequeña voz en tu cabeza que nunca se calla. Al medirte siempre con ciertos ideales que a menudo no son realistas, es fácil asumir que llegar a ser perfecto es el camino hacia la autorrealización. Por desgracia, esto no podría estar más lejos de la realidad. La forma de utilizar el Eneagrama para acelerar el crecimiento y la autorrealización es centrarse menos en perfeccionarse y, en cambio, practicar la autoaceptación. Haz un esfuerzo por renunciar a la necesidad constante de juzgarte a ti mismo y a los demás. Esto te transformará en una persona más compasiva, empática y elegante.

Para que puedas entrar en un estado más sereno y de aceptación de ti mismo, he aquí algunas afirmaciones tranquilizadoras que pueden permitirte practicar la conciencia del momento presente.

Que me sienta a gusto conmigo mismo.

Que suelte los juicios y me perdone a mí y a los demás, sabiendo que esto no significa que esté de acuerdo con ningún comportamiento en particular.

Que esté a gusto con las cosas que considero imperfectas comprendiendo que la serenidad viene de saber que el momento presente es perfecto tal y como es.

Una vez que hayas estabilizado esta forma de pensar y sentir, aquí tienes algunas afirmaciones positivas para añadir a tus rituales diarios.

- Estoy a gusto con la vida.
- Me abrazo a mí mismo por completo.
- Soy amable con los demás.

- Cada uno hace lo mejor que puede en su nivel actual de conciencia, y yo lo acepto.
- Elijo ser compasivo, comprensivo y aceptar a los demás.
- Me perdono a mí mismo.
- La vida es perfecta tal y como es.
- Elijo ser flexible, adaptable y aceptar el cambio.

ENEAGRAMA TIPO DOS - EL AYUDANTE - CAMINO DE CRECIMIENTO

Tus cualidades esenciales son el amor, el afecto y la crianza. La virtud hacia la que te diriges a medida que creces y despiertas es la humildad.

Cuando se trata de acelerar tu crecimiento personal, es hora de dejar de complacer a la gente y empezar a atender tus propias necesidades y vivir con el ejemplo. La forma de utilizar el Eneagrama para autorrealizarse es invertir tiempo a diario para poner los pies en la tierra y reconectar con tus emociones antes de lanzarte a ayudar a los demás. Date cuenta de cuándo los sentimientos de orgullo te empujan a hacer cosas por los demás. Y cuando el miedo a no ser querido te tienta a traicionarte a ti mismo y te niegas a actuar desde esa perspectiva. Pregúntate regularmente: "¿Estoy atendiendo a mis propias necesidades?" y "¿Mi entrega es auténtica o se basa en las expectativas de obtener algo a cambio?" Hazte emocionalmente presente contigo mismo. Cultiva tu confianza para poder empezar a hacer el cambio hacia el autocuidado y la humildad.

Para empezar a recorrer el camino de la humildad y el amor incondicional, he aquí algunas afirmaciones tranquilizadoras que pueden permitirte practicar la conciencia del momento presente.

Que aprenda a amarme genuinamente y a ver mi propio valor independientemente de los pensamientos de los demás.

Que me dé tanto amor a mí mismo como a los demás.

Que aprenda a dar generosa y auténticamente desde un lugar de abundancia.

Que renuncie a mi envío de orgullo y camine por la senda de la humildad.

Una vez que hayas estabilizado esta forma de pensar y sentir, aquí tienes algunas afirmaciones positivas para añadir a tus rituales diarios.

- Se me quiere por lo que soy.
- Tengo confianza en mí mismo.
- Tengo necesidades emocionales sanas.
- Doy sinceramente de corazón.
- Establezco límites saludables entre mí mismo y los demás.
- Me siento aceptado por lo que soy.
- Soy capaz de expresar y pedir lo que quiero.

ENEAGRAMA TIPO TRES - EL TRIUNFADOR - CAMINO DE CRECIMIENTO

Tus cualidades esenciales son el valor, la gloria y la preciosidad. La virtud hacia la que te diriges a medida que creces y despiertas es la autenticidad.

Cuando se trata de acelerar tu crecimiento personal, céntrate menos en el estatus y la máscara que llevas en público y más en tu verdadero yo. Crear una ilusión de lo que crees que hará que los demás te perciban como exitoso es contraproducente a largo plazo y te llevará a las mismas cosas que temes. En su lugar, apóyate en tu verdad, tu fuerza y tu capacidad para hacer más que los demás. Pero hazlo desde un lugar holístico en el que no se sacrifiquen tus necesidades emocionales. Abraza tus cualidades naturales de liderazgo y, al mismo tiempo, cultiva relaciones enriquecedoras. Comprueba regularmente tus sentimientos y date un tiempo de inactividad para restablecerte cuando lo necesites.

Para empezar a recorrer el camino de la práctica de la conciencia del momento presente, he aquí algunas afirmaciones tranquilizadoras.

Que pueda cultivar la quietud y reconectar con mis verdaderos sentimientos.

Que pueda tener más paciencia en mi día.

Que tenga compasión ante el sufrimiento propio y ajeno.

Una vez que hayas estabilizado esta forma de pensar y sentir, aquí tienes algunas afirmaciones positivas para añadir a tus rituales diarios.

- Estoy abierto a reconocer mis sentimientos.
- Yo soy suficiente.
- Inspiro el liderazgo en los demás.
- Soy amado por otros que me aprecian tal y como soy.
- Estoy alineado con mi verdadero yo.
- Estoy dispuesto a reconocer los esfuerzos de mi equipo.
- Celebro los logros de los demás.

CAPÍTULO 15

ACELERAR SU CRECIMIENTO PERSONAL PARTE 11

ENEAGRAMA TIPO CUATRO - EL INDIVIDUALISTA - CAMINO DE CRECIMIENTO

Tus cualidades esenciales son la belleza, la intimidad, la profundidad y el misterio. La virtud hacia la que te diriges a medida que creces y despiertas es la ecuanimidad.

Cuando se trata de acelerar tu crecimiento personal, es el momento de dejar de aferrarte a la ruptura que ves en el mundo y empezar a convertirte en la solución. Encarna lo que veas que falta o que se ha perdido en el mundo. Tal vez, de niño, anhelabas la compasión y el liderazgo justo. Ahora que eres un adulto, es el momento de cultivar esas cualidades para convertirte en el cambio que deseas ver en el mundo. Utiliza la herramienta del Eneagrama para practicar el amor propio y reconectar con tu verdadera identidad. Encontrar tu verdadero yo y sentirte profundamente amado te importa, y con razón, el conocimiento del Eneagrama puede permitirte darte cuenta por fin de que no estás roto, y encontrarte a ti mismo sólo puede lograrse yendo hacia tu interior. Tómate el tiempo necesario para darte cuenta y atraparte cuando empieces a pensar en lo que te falta o te sobra. Tráete al momento presente. Cultiva una alta autoestima y practica un poco más de entusiasmo. Te hará mucho bien permitir que tus sentimientos giren hacia el lado bueno de la vida.

Para empezar a recorrer el camino de la ecuanimidad y la gratitud, he aquí algunas afirmaciones tranquilizadoras que pueden permitirte practicar la conciencia del momento presente.

Que me deleite en la felicidad de los demás.

Que aprenda a apreciar lo que es, en lugar de fijarme en lo que no es.

Que pueda apreciar y alegrarme de mí mismo al aumentar mi conciencia sobre cómo funciona realmente la vida.

Que aprenda a tratar a todos los seres con igualdad y consideración positiva.

Una vez que hayas estabilizado esta forma de pensar y sentir, aquí tienes algunas afirmaciones positivas para añadir a tus rituales diarios.

- Estoy centrado en mi verdadera esencia.
- Aprovecho mis dones para inspirar al mundo.
- Soy más que mis emociones y mi experiencia humana.
- Elijo vivir el momento presente.
- Elijo liberar el pasado y encontrar la gracia.
- Estoy feliz de ser yo.

ENEAGRAMA TIPO CINCO - EL INVESTIGADOR - CAMINO DE CRECIMIENTO

Tus cualidades esenciales son la claridad, la iluminación, la perspicacia y la soledad. La virtud hacia la que te diriges a medida que creces y despiertas en el desapego.

Cuando se trata de acelerar tu crecimiento, es el momento de pasar a la acción y utilizar tu conocimiento y comprensión enormemente profundos para determinar qué cambios hay que hacer en el mundo. Deja que tu competencia esté al servicio de tu misión en lugar de hacer que tu investigación y tus conocimientos sean la misión. Tienes la capacidad de hacer grandes cosas y de influir positivamente en el mundo, y es hora de apoyarte más en esta capacidad. Utiliza la herramienta del Eneagrama para poder abrazar el mundo físico y así poder canalizar más conocimientos. Ofrece libremente tus conocimientos sin miedo. Aprende a distinguir entre conocimiento, sabiduría y perspicacia.

Para empezar a recorrer el camino de la apertura, el desapego y el estar en el flujo del universo, he aquí algunas afirmaciones tranquilizadoras que pueden permitirte practicar la conciencia del momento presente.

Que me dé cuenta de que el universo es abundante.

Que me sienta seguro dentro de mí mismo y confíe en que recibiré lo que necesito.

Que pueda estar en paz con el no saber, al mismo tiempo que me doy cuenta de que ya tengo un amplio conocimiento.

Que abra mi corazón para participar plenamente en la energía de la vida.

Una vez que hayas estabilizado esta forma de pensar y sentir, aquí tienes algunas afirmaciones positivas para añadir a tus rituales diarios.

- Estoy arraigado en mi ser.
- Estoy tranquilo, sereno y en paz incluso en medio de las incertidumbres de la vida.
- Me desenvuelvo bien en este mundo.
- Elijo conectar con los demás.
- Experimento la vida plenamente.
- Desarrollo relaciones sanas con las personas que me rodean.
- Aprecio el asombro de estar en mi cuerpo.
- Tengo una confianza general en las personas que me rodean.
- Me quiero a mí mismo.
- Me siento abundante.

ENEAGRAMA TIPO SEIS - EL LEAL - CAMINO DE CRECIMIENTO

Tus cualidades esenciales son la verdad, la orientación y la intuición. La virtud hacia la que te diriges a medida que creces y despiertas es el valor.

Cuando se trata de acelerar tu crecimiento, es hora de que te des cuenta de que tu búsqueda constante de confianza y seguridad en realidad está ocultando tus inseguridades. A la larga, se vuelve contraproducente porque el miedo sólo crece. Utiliza las herramientas del Eneagrama para abordar por fin las inseguridades internas. Comprende que tu imaginación tiende a dramatizar las situaciones, así que sorpréndete a ti mismo y date cuenta de que éste es un punto ciego cada vez que quedas atrapado en el peor de los escenarios. Entonces actúa en consecuencia, inclinándote más hacia la situación con curiosidad en lugar de huir temerosamente de la situación o de la persona, porque la mayoría de las veces, nada es tan malo como lo ves en tu imaginación. A medida que vayas mejorando en el uso de la herramienta y la enseñanza del Eneagrama, confiarás más en tu guía interior y dejarás de lado los patrones de miedo.

Para empezar a recorrer el camino de la valentía, he aquí algunas afirmaciones tranquilizadoras que pueden permitirte practicar la conciencia del momento presente.

Que pueda convertir el miedo en un amigo en lugar de convertirme en una víctima y estar preso de su historia.

Que cultive la valentía en lugar de cambiar constantemente en busca de seguridad y certeza.

Que tenga fe en mí mismo y en la vida misma.

Que aprenda a vivir más en el momento presente y a notar mi tendencia a magnificar las situaciones.

Una vez que hayas estabilizado esta forma de pensar y sentir, aquí tienes algunas afirmaciones positivas para añadir a tus rituales diarios.

- Estoy tranquilo y centrado.
- Elijo confiar en mí mismo y en mi guía interior.
- Los miembros de mi equipo y mis amigos me apoyan mucho.
- Mi consejo interior es sabio.
- Me quiero a mí mismo.
- El mundo es un lugar seguro y el universo me apoya.
- Tomo decisiones independientes y claras para mí.

ENEAGRAMA TIPO SIETE - EL ENTUSIASTA - CAMINO DE CRECIMIENTO

Tus cualidades esenciales son la alegría, la esperanza y la libertad. La virtud hacia la que te diriges a medida que creces y despiertas es la sobriedad.

Cuando se trata de acelerar tu crecimiento personal, lo mejor que puedes hacer es aumentar tu curiosidad sobre lo que realmente significa ser libre. La tendencia es buscar el crecimiento y la libertad persiguiendo un nuevo reto, aventura u oportunidad. Por desgracia, esto rara vez conduce al cambio que realmente anhelas. Utiliza la herramienta del Eneagrama para ir a tu interior y aumentar tu comprensión de ti mismo. Sumérgete en la naturaleza del ser y encuentra allí tu libertad duradera. Aprende a procesar tanto las emociones positivas como las negativas.

Para empezar a recorrer el camino de la sobriedad y el dominio emocional, he aquí algunas afirmaciones tranquilizadoras que pueden permitirte practicar la conciencia del momento presente.

Que me permita sentir todas mis emociones, incluyendo la tristeza, el sufrimiento y la pena, y que reflexione sin juzgarme ni ser duro conmigo mismo.

Que tenga compasión por mí mismo y por todos los demás seres.

Que aprenda a encontrar la libertad desde dentro, lo que me permitirá tener libertad en todo lo que haga, incluso cuando sea mundano o repetitivo.

Que aprenda a encontrar la alegría en las actividades ordinarias del momento presente.

Una vez que hayas estabilizado esta forma de pensar y sentir, aquí tienes algunas afirmaciones positivas para añadir a tus rituales diarios.

- Soy abundante.
- Estoy contento, satisfecho y alegre.
- Soy libre de expresar quién soy.
- Estoy arraigado en mi ser y comprometido en todo lo que hago.
- Estoy en contacto con mis emociones y mi guía interior.
- Encuentro la alegría en el momento presente.
- Elijo concentrar mi energía y mi atención.

ENEAGRAMA TIPO OCHO - EL RETADOR - CAMINO DE CRECIMIENTO

Tus cualidades esenciales son la fuerza, la vivacidad y el poder. La virtud hacia la que te diriges a medida que creces y despiertas es la inocencia.

Cuando se trata de acelerar tu crecimiento, no se trata de renunciar a tus retos deseados y tomar una acción masiva. Se trata de alinearse primero. La necesidad de controlar todo e imponer tu voluntad sobre los demás tiende a ser más contraproducente que útil para tu desarrollo. También luchas con la creencia de que la vulnerabilidad significa debilidad, pero la verdad es que permitirte ser vulnerable, especialmente con tus relaciones más cercanas, sólo te hará más fuerte. Para ser verdaderamente valiente y fuerte, uno debe también sintonizar con sus emociones.

Como líder natural, tus instintos poderosos, autoritarios y decisivos se verán amplificados a medida que utilices la herramienta del Eneagrama para ponerte en sintonía con tu lado emocional. También te permitirá estar más abierto a recibir consejos de la persona que más quieres y que también busca tu bienestar. En lugar de ser despectivo, detente un momento y sé más receptivo. Escucha con la cabeza y con el corazón antes de rechazar la opinión de un ser querido.

Para empezar a recorrer el camino de la inocencia, he aquí algunas afirmaciones tranquilizadoras que pueden permitirte practicar la conciencia del momento presente.

Que aprenda a encarnar la dulzura y la compasión.

Que sea receptivo a la verdad de todos los seres.

Que pueda cultivar una mentalidad de crecimiento y la inocencia de una mente de principiante para poder entrar en cada nueva situación con una perspectiva fresca.

Una vez que hayas estabilizado esta forma de pensar y sentir, aquí tienes algunas afirmaciones positivas para añadir a tus rituales diarios.

- Estoy en paz y tranquilo.
- Estoy en contacto con mis necesidades emocionales.
- Respeto la decisión de los demás.
- Soy sensible a las necesidades de los demás.
- Puedo ser suave y firme al mismo tiempo.
- Practico la paciencia.
- Acepto cada parte de mí, incluso lo que percibo como debilidad.

ENEAGRAMA TIPO NUEVE - EL PACIFICADOR - CAMINO DE CRECIMIENTO

Tus cualidades esenciales son la armonía, la integridad y la interconexión. La virtud hacia la que te diriges a medida que creces y despiertas es el compromiso.

El mejor regalo que puedes hacer al mundo es utilizar tu capacidad natural para crear paz y plenitud en tus relaciones. Pero para ello, tendrás que activar más tus poderes innatos y encarnar las soluciones que otros se esfuerzan por ver. Cuando se trata de acelerar tu crecimiento personal, es hora de dejar de seguir la corriente o de integrarte cuando sabes que no es lo mejor para evitar el conflicto. Haz lo mejor que puedas para notar cuando la resistencia entra en acción, y te retiras simplemente porque quieres evitar crear un conflicto al decir tu verdad. Cultiva el coraje de hablar y encuentra formas saludables de afrontar los desacuerdos. Utiliza la herramienta del Eneagrama para darte cuenta de tus hábitos improductivos y de tu tendencia a adoptar un comportamiento pasivo-agresivo en lugar de hablar con valentía y buscar activamente soluciones a los problemas. Permite que los conocimientos adquiridos en el estudio del Eneagrama te ayuden a explorar el mensaje subyacente que te hace retraer e ignorar tu propia voz.

Para empezar a recorrer el camino de la integridad y la acción correcta, he aquí algunas afirmaciones tranquilizadoras que pueden permitirte practicar la conciencia del momento presente.

Que pueda descubrir mi propósito y vivir más intencionadamente.

Que sea más consciente de mi inercia hacia mí mismo, sabiendo que la acción correcta proviene de valorarme a mí mismo igual que valoro a los demás.

Que me concentre en lo que es importante, especialmente ante el malestar y el conflicto.

Que recuerde mis prioridades y valores.

Una vez que hayas estabilizado esta forma de pensar y sentir, aquí tienes algunas afirmaciones positivas para añadir a tus rituales diarios.

- Estoy en paz y completo.
- Puedo honrar mi voz y decir mi verdad incluso cuando no es cómodo.
- Puedo aportar una presencia sanadora a los demás sin descuidarme.
- Se me quiere tal y como soy.
- Estoy agradecido y participo activamente en las alegrías de la vida cotidiana.
- Reconozco y valoro mi propia identidad.

CAPÍTULO 16
DESBLOQUEA TU POTENCIAL Y VIVE UNA VIDA PLENA

¿Elegirás vivir el Eneagrama? Demasiadas personas se quedan atascadas en la teoría y el estudio de este maravilloso sistema. Eso es bastante desafortunado porque, sin la práctica diaria y la integración, las enseñanzas del Eneagrama nunca pueden traducirse en resultados. Un punto débil importante en los tests de personalidad y en el desarrollo personal es la falta de énfasis en la práctica de lo que se aprende.

Considero que el Eneagrama es una de las mejores herramientas para cambiar las perspectivas sobre la vida, nuestro pasado, presente y futuro. La herramienta del Eneagrama nos permite descubrir más de lo que realmente somos. Se trata de crecer y desarrollarse, ayudándonos a encarnar lo que nos hace ser claramente quienes somos. Nuestra vida personal y profesional se beneficia enormemente cuando empezamos a mostrarnos más como nuestro verdadero yo. Utiliza el modelo del Eneagrama como un mapa que te indica la dirección de tu mejor y más elevado yo. Toma nota de tus puntos fuertes y débiles, para poder tomar mejores decisiones mientras sigues navegando por la vida.

¿CÓMO QUIERES QUE SE DESARROLLEN LOS PRÓXIMOS 12 MESES?

Independientemente de los factores externos o de lo que digan las noticias, el próximo año puede ser lo que tú decidas que sea. Esto se debe a que tú tienes el control de tu mente y, a su vez, de la forma en que vas a manejar las experiencias y las circunstancias. Piensa en esto: Independientemente de lo que ocurra con el gobierno o la economía, algunas personas tendrán grandes dificultades y otras tendrán un gran éxito. Incluso durante una crisis, algunas personas siguen prosperando. ¿No sería bueno que tú estuvieras entre los que prosperan en todas las épocas?

La clave para asegurar que los próximos doce meses sean significativamente diferentes de los anteriores está en ti. Puedes utilizar el Eneagrama para ayudarte a desbloquear todo el poder y el potencial latentes que permanecen sin utilizar para que puedas finalmente tomar las riendas de tu vida. Esto no significa esforzarse por conseguir más, esforzarse más o forzar las cosas en su lugar. Cuanto más consciente seas de tus limitaciones condicionadas y de tus oportunidades no aprovechadas, más fácil será tomar las decisiones correctas para tu vida.

Hasta ahora, hemos repasado las recomendaciones de crecimiento personal para cada tipo de Eneagrama. Vuelve a leer todo lo que puedas sobre tu tipo de Eneagrama y los sencillos pasos de acción que puedes dar para hacer avanzar tu vida. Además de comprender lo que tu tipo específico de Eneagrama necesita y desea para seguir desarrollándose de forma saludable, hay algunas prácticas universales que nos sirven a todos, independientemente de nuestro tipo. Algunas son prácticas antiguas transmitidas por maestros espirituales y sabios, mientras que otras han sido investigadas y descubiertas científicamente. Elige un puñado de prácticas de esta lista, conviértelas en un hábito diario y comprométete a vivir el Eneagrama, no sólo a estudiarlo.

PRÁCTICAS Y TÉCNICAS QUE DEBES CONOCER

Cultivar el amor propio

Hemos mencionado el amor propio varias veces a lo largo de este libro. Pero la mayoría de la gente tiende a malinterpretar su significado. No se trata sólo de sentirse bien o de tomarse tiempo para descansar y cuidarse. El amor propio es mucho más profundo y fundamental que eso. Es un estado de total asombro y aprecio por uno mismo que crece a partir de las acciones que apoyan tu crecimiento físico, psicológico y espiritual. El amor propio es una de las prácticas más importantes que puedes incorporar a tu vida diaria si vives el Eneagrama. Te permite aceptar tanto los puntos fuertes como los débiles, enfrentarte a tus fracasos con compasión y encontrar el sentido personal y la plenitud en la vida. Cuando se mira a través de la lente del amor propio, tu vida y el mundo adquieren un tono diferente, más en armonía con las leyes universales. La forma en que ves el mundo e interpretas a los demás no viene de fuera, sino de dentro. Cuanto más bajos sean tus niveles de amor propio, más oscura será tu visión, y a la inversa, cuanto más alto sea tu amor propio, más brillante será tu visión.

¿Cómo se empieza a cultivar el amor propio?

Como todas las cosas buenas de la vida, es cuestión de crear un hábito. Da pequeños pasos a diario para reconectar con todo tu ser, cuidando y atendiendo tus necesidades físicas, psicológicas y espirituales. Con el tiempo, esas pequeñas acciones se convertirán en hábitos que se convertirán en tu nueva norma. También debes fijarte en cómo te comunicas contigo mismo. ¿Tu diálogo interior es constantemente negativo? ¿Dudas a menudo, te reprendes y apuestas contra ti mismo? Cuanto más tiempo dediques a comprobar tu estado de ánimo de forma compasiva, más fácil te resultará detectar y eliminar todos los pensamientos y emociones rebeldes.

El perdón como práctica

Una de las mejores herramientas que puedes utilizar en este viaje de autodescubrimiento es la práctica del perdón diario. Date cuenta de que perdonar no significa abdicar de la responsabilidad o incluso justificar un mal. Simplemente significa darte a ti mismo (o a otro) compasión y cambiar tu perspectiva de cómo son las cosas a cómo te gustaría que fueran. ¿Por qué tienes que hacer esto? Porque tu punto de poder siempre estará en el momento presente. Pero cada vez que te aferras a cualquier tipo de culpa o resentimiento, estás atascado en el pasado. Te roba tu poder y te saca del camino de vivir el Eneagrama.

La cuestión es que cometerás muchos errores en este viaje, y también te darás cuenta de cuánto te ha perjudicado tu ignorancia a ti y a los demás. Una vez que nos damos cuenta de lo poco que nos hemos alejado de nuestro verdadero potencial, tendemos a autodespreciarnos y autocastigarnos. Ese es el peor movimiento que podemos hacer. Lo correcto es ejercer el perdón. Aprende a practicar la autocompasión cuando te quedes corto de lo que quieres ser. Lo mismo ocurre con aquellos que crees que te han maltratado. Como dice Louise Hay: "No importa lo justificado que te sientas, no importa lo que "ellos" hayan hecho, si insistes en aferrarte al pasado, nunca serás libre".

Algunas afirmaciones para practicar el perdón:

Me perdono por no ser perfecto. Sé que estoy haciendo lo mejor que puedo y viviendo de la mejor manera que sé.

Perdono a todas las personas de mi pasado y mi presente por todos los males percibidos. Libero a todas las personas con amor.

Me amo y me apruebo a mí mismo.

Gratitud

Tan importante como practicar el perdón a diario, independientemente de tu tipo de eneagrama, es el hábito de sentirte agradecido. Los seres humanos tenemos un sesgo negativo (no puedo decirte por qué, pero tendemos a recordar más las cosas malas que las buenas de nuestra vida). Eso significa que es probable que te detengas en tus insuficiencias o problemas o en las cosas que van mal durante mucho más tiempo que en todo lo que va bien. El antídoto contra este sesgo es la gratitud.

La gratitud transforma nuestras experiencias cotidianas (personales y profesionales) en experiencias más positivas y agradables. Hay pruebas convincentes que demuestran que la práctica diaria de la gratitud hace que todo el mundo se sienta mejor y tiene un impacto positivo en su salud, creatividad, relaciones y productividad. Utiliza la gratitud para neutralizar el sesgo de negatividad de tu cerebro y como herramienta para permitirte vivir el modelo del Eneagrama. Empieza eligiendo un momento del día (a primera hora de la mañana o a última antes de dormir) para escribir de tres a cinco cosas por las que te sientas agradecido en ese día concreto.

Esfuérzate por encontrar cosas únicas que alabar y apreciar, por pequeñas que sean. Algunas mañanas lo que más agradezco es el sonido de un pájaro cantando fuera de mi ventana al despertarme. Otros días estoy muy agradecida por el aire que respiro. Encuentra la magia en las cosas que a menudo das por sentadas, y eso te permitirá comprender lo que es la vida de manera más profunda.

Prácticas de atención plena

Mucha gente oye la palabra "mindfulness" e inmediatamente asume que significa sentarse a meditar en silencio con la mente en blanco. Esa es una visión muy limitada de lo que significa la atención plena. Tanto si te gusta meditar como si no, añadir prácticas de atención plena a tus rutinas diarias en casa y en el trabajo será fundamental para tu crecimiento. A menos que encuentres la manera de incorporar ese factor de atención plena a tus actividades, no experimentarás todos los beneficios de la atención plena. Pero, ¿cómo se puede ser consciente en el contexto de un día de trabajo ajetreado o un estilo de vida exigente?

Elige estar más presente en tu vida. Hazlo momento a momento, hora a hora al principio, hasta que se convierta en un hábito. La atención plena no consiste en dejar la mente en blanco. Se trata de ser intencional mientras te mueves por tu vida. Se trata de ser más consciente de tu mente, tu entorno y tu mundo interior.

Cuando estás distraído en el trabajo o durante una reunión (o una cita), te falta atención plena, y es entonces cuando los impulsos preprogramados suelen intervenir y causar estragos. Funcionar con el piloto automático no siempre es bueno, sobre todo si quieres introducir nuevos cambios en tu vida. Así que aquí tienes una idea que puede ayudarte a dejar de estar sin sentido en el ámbito profesional y personal. Elige entrenarte en la conciencia del momento presente. Cada mañana, antes de empezar a interactuar con el mundo, decide con la intención de estar lo más presente posible en todas tus actividades. Haz una pausa de unos minutos antes de pasar de una actividad a otra y recuérdate esta decisión. Por ejemplo, cuando entres en tu coche para ir al trabajo, decide que sólo te centrarás en esa actividad. Mantente en el momento presente escuchando el sonido del motor del coche mientras aceleras. Fíjate en el tacto de tus manos contra el cuero y en lo apretado o relajado que está tu agarre. Presta atención a lo que tienes delante y a tu alrededor mientras conduces. Intenta fijarte en cosas que normalmente no mirarías con demasiada atención, como el tiempo que tardan los semáforos en cambiar o la velocidad a la que se mueve la señora que cruza el paso de peatones delante de ti. Evita pensar en Helen y su nuevo ascenso o en la tendencia de John a procrastinar los proyectos.

Cuando llegues al trabajo, antes de entrar en el despacho de tu jefe, haz una pausa intencionada y recuérdate a ti mismo que debes estar lo más presente posible con él. Si llevas esta intención contigo a cada actividad, tarde o temprano, empezarás a ver algunos cambios.

¿Y si me cuesta recordar que debo practicar la atención plena?

Utiliza las herramientas que tienes a tu disposición para mantenerte al día. Programa la alarma de tu teléfono para que, al menos tres veces al día, hagas una pausa de 30 segundos para "registrarte" y ver cómo lo estás haciendo. Si estás en el trabajo, asegúrate de que la alarma sólo vibre, para que no moleste constantemente a los demás. Cada vez que suene la alarma, excúsate y busca un momento de silencio en el balcón, el baño o tu oficina. Respira profundamente y con atención. Observa cómo te sientes. Reflexiona sobre cómo está transcurriendo el día hasta ahora. ¿Has actuado desde tu nivel más alto de conciencia? ¿Notas patrones de pensamiento o reacciones impulsivas y emocionales que tal vez deban abordarse durante tu tiempo libre? Cuanto más consciente seas de ti mismo, más fácil te resultará recuperar el autocontrol y el autodominio que buscas.

CONCLUSIÓN

Finalmente, llegas al final de este primer paso en lo que será una búsqueda de autodescubrimiento para toda la vida. A estas alturas, debería ser evidente que vivir el Eneagrama es tu camino más seguro hacia la libertad, el sentido de unidad y la sensación de plenitud que has estado buscando toda tu vida. Has aprendido tu tipo de Eneagrama y la riqueza de las alas, los subtipos y la tríada que enseña el modelo. Y también has aprendido sobre tu virtud y la llamada interior de tu espíritu. Si decides seguir ese camino de despertar espiritual, tendrás que seguir desarrollándote y sumergirte con valentía en el estudio del modelo del Eneagrama.

Comprenderte mejor a ti mismo también debería dotarte de la capacidad de comprender mejor a los demás y mostrar más empatía y compasión. Recuerda que todo el mundo está librando una dura batalla mientras se esfuerza por encontrar esa unidad del ser y sanar sus fijaciones y pasiones del ego. El filtro a través del cual los demás ven el mundo determina que sus reacciones y comportamientos sean como son. Supongamos que deseas establecer y fortalecer relaciones ricas en nutrientes. En ese caso, es esencial tener en cuenta que su nivel de desarrollo y su nivel actual de conciencia les limita a actuar como lo hacen. Tu responsabilidad es perdonar, abrazar y practicar la aceptación. Ya que sabes cómo ser y hacerlo mejor, gracias a tu inversión en las enseñanzas del Eneagrama, da un paso adelante y sé ese brillante ejemplo en la relación.

En última instancia, vivir el Eneagrama consiste en crecer hacia tu mejor yo. Y aunque no puedes cambiar de un tipo a otro, hay mucho espacio para que crezcas y más que suficiente potencial para que lo desbloquees. Una vez que descubras toda la magnificencia que posees, nunca querrás ser de otro tipo. Aún más notable es cómo la herramienta del Eneagrama permite transformar las relaciones profesionales y personales. Con tu nueva comprensión de ti mismo y de los demás, comprenderás mejor por qué una persona se comporta como lo hace y otras no. Pero eso no significa que tengas todas las respuestas a por qué tu jefe es tan agresivo en las reuniones o por qué tu nueva novia quiere que vayas a las discotecas todos los fines de semana. Lo que sí tendrás es una mejor comprensión de las motivaciones que hay detrás de esos comportamientos.

Otra cosa fundamental que hay que recordar es que no puedes asumir el tipo de Eneagrama de nadie, eso lo tienen que averiguar ellos. Si estás en una posición de liderazgo en el trabajo y puedes abogar por que todo el mundo haga el test, entonces genial. Sólo después de que la persona confirme su tipo real de Eneagrama, puedes acercarte a ella de la manera indicada en este libro. No presiones a nadie para que haga el test, especialmente a tu pareja sentimental. Tiene que ser algo que la persona quiera hacer.

Una vez que te rodees de personas que conozcan su tipo de Eneagrama y estén dispuestas a mejorar al igual que tú, ¿qué es lo siguiente? Pues seguir creciendo, aprendiendo y experimentando para desarrollarse aún más. Vivir el conocimiento del eneagrama no tiene fin. Pero hay dos últimas pepitas que dejaré para ti.

En primer lugar, no te compliques contigo mismo. Acepta tanto las cosas positivas como las negativas que has descubierto al leer este libro. Empezaste a leerlo por una razón. Querías conocerte mejor, y ahora estás en el camino hacia el autodominio. Respira profundamente, un día a la vez, y cultiva un nuevo hábito a la vez mientras te empapas de esta información. El viaje humano está lleno de baches y obstáculos imprevistos, pero siempre que te des la gracia de volver a levantarte cuando te caigas, el viaje será satis- factorio. Si eres un Eneagrama Uno, esto puede ser difícil de escu- char porque quieres que todo sea perfecto todo el tiempo. Sigue trabajando en ese crítico interior para poder ser un poco más suave contigo mismo. Sé que puedes hacerlo. Para el eneagrama dos, ser indulgente consigo mismo significaría invertir tiempo en el cuidado de sí mismo, no sólo en atender las necesidades de los demás. Para el Eneagrama Tres, por muy difícil que sea para ti, es hora de reconocer que el éxito no consiste sólo en conseguir cosas. No seas demasiado duro contigo mismo. Eneagrama Cuatro, recuérdate constantemente que hay quienes te entienden y te quieren en toda tu singularidad, y que no cambiarían nada de ti. No seas tan duro contigo mismo mientras encuentras a esas personas con las que conectar y aprendes a ver lo bueno que hay en ti.

Eneagrama Cinco, este mundo necesita urgentemente tu conoci- miento e ingenio, pero por favor, sé más abierto y amable contigo mismo. Sé fácil con tus emociones y encuentra el valor de tener una relación rica con otro. Eneagrama Seis, tu ansiedad, preocu- pación y desconfianza se apoderan de ti con demasiada frecuen- cia, pero no importa cuántas veces te sorprendas cayendo, levántate y sigue avanzando. Identifica tus desencadenantes, y con el tiempo los contrarrestarás. Eneagrama Siete, sé que la negatividad, el dolor y el sufrimiento parecen insoportables. Sin embargo, te prometo que si practicas sentarte con esas emociones y procesarlas (permitir que fluyan como lo haría un río), con el tiempo también agrietarás ese aspecto de ti. Eneagrama Ocho, sé paciente contigo mismo hacia el camino de abrazar la vulnerabilidad. No es fácil, pero sé que eres lo suficientemente fuerte para hacerlo. Eneagrama Nueve, sé que los conflictos son un reto para ti, pero encuentra el valor para afrontar conversaciones incómodas y decir tu verdad. No te compliques durante este proceso y empieza poco a poco.

La segunda y última palabra de sabiduría que te animo a hacer, independientemente de tu tipo de eneagrama, es ser fácil con los demás. La compasión y la empatía están muy ausentes en nuestra población, y es hora de que tomemos medidas para cultivarlas personalmente. Ahora que sabes cómo interactúan los diferentes tipos en las relaciones, sus motivaciones y comportamientos, ¿es demasiado pedir un poco más de paciencia y empatía? No estoy sugiriendo que excuses o incluso aceptes el mal comportamiento. Pero insisto en que aumentemos nuestra tolerancia y comprensión mutua. El perdón se convierte aquí en el ingrediente mágico. Cuando aprendas a perdonarte a ti mismo y a los demás, encontrarás formas mejores y más humanas de comunicarte y llevarte bien con los demás. Ese es el tipo de crecimiento al que todos deberíamos aspirar porque fomenta el tipo de futuro que promueve una población sana. Que la herramienta del Eneagrama te guíe en este viaje para convertirte en tu mejor versión.

Disfruta del viaje de despertar a tu verdadero Yo.

RECURSOS

Pruebas de Eneagrama en línea:

Eneagrama. (s.f.). The Enneagram Institute. Extraído el 17 de enero de 2022, de https://tests.enneagraminstitute.com/

The Enneagram Personality Test. (2021, 25 de octubre). Truity. Extraído el 17 de enero de 2022, de https://www.truity.com/test/enneagram-personality-test

Otros recursos útiles:

Eneagrama tradicional (Historia). (s.f.). The Enneagram Institute. Extraído el 17 de enero de 2022, de https://www.enneagraminstitute.com/the-traditional-enneagram/

Christian, K. (2021, 20 de octubre). How To Cultivate Healthier Relationships Based On Your Enneagram Type. The Good Trade. Extraído el 17 de enero de 2022, de https://www.thegoodtrade.com/features/enneagram-in-relationships

Yuan, L. (2021, 23 de agosto). Breaking Down the Enneagram: A Guide for Total Beginners. Truity. Extraído el 17 de enero de 2022, de https://www.truity.com/blog/breaking-down-enneagram-guide-total-beginners

SAGE Journals: Su puerta de acceso a revistas de investigación de primer nivel. (s.f.). SAGE Journals. Extraído el 17 de enero de 2022, de https://journals.sagepub.com/action/cookieAbsent